持続する社会

鈴香里紗
SUZUKA LISA

幻冬舎 MC

持続する社会

はじめに

本書へようこそ、お越しいただきありがとうございます。こちらは本書をお読みになる前のトリセツ、取扱説明書です。

エッセイ、随筆というのは著者の体験や感想を述べる見聞録です。吉田兼好は思っている事や考えている事を『徒然草』に記しました。清少納言は「春はあけぼのが美しいと思います」というより、「春はあけぼの」と断言する方が訴える力が大きく効果があると感じたのでしょう。

随筆は演説と似ているかもしれません。会話であれば相手の反応を見ながら「私の考えは間違っていたのかな」と思い、話し手は自分の立ち位置を確認出来ます。一方通行のエッセイではそれが出来ないのでリスクが大きいと言えるでしょう。もし違和感があるなら、

（1）　意見をはっきり言うのは日本文化では敬遠されます。国会中継を見ると議員達は遠回しな発言をします。アメリカ大統領候補者の演説を聞くと、「思われる」に該当

する「I think」や「It seems」「Maybe」の表現がない事に気付きます。

（2）演説や討論の授業が殆どなく、日本人が議論慣れしていない事があるかもしれません。読者が著者の意見に賛同出来ないのであれば、同意しない理由を考えてみて下さい。

（3）私の様な実績のない人が発言しても効力がないからでしょう。肩書きがある立場の人々、著名なジャーナリストや評論家というのは社会の中で一目置かれる存在なのです。しかし私の様な一般庶民だから見える要素もあります。

社会を持続させる為の栄養に本書がなる事を願ってやみません。暫く私のエッセイにお付き合い下さい。

目次

はじめに　2

第1部　学び働く…………7

一　学問のすすめ　8
二　働くこと　14
三　ありがとう　20
四　愛国心　25
五　女性差別　31
六　時間の価値　37
七　いじめ　41
八　趣味　48
九　経験は宝　54
十　親ガチャ　57

第2部　深き流れ……63
一　日本の景気　64
二　母国語　76
三　民主主義　86
四　戦争　94
五　文明　102
六　白人中心主義　113
七　仏事　120
八　神道　126
九　宗教　129
十　親友　135
第3部　地球という船……139
一　火の鳥　140
二　明治の電話　150

三　宝くじ　164
四　今が一番良い時代　174
五　気候危機に対する提言　183
気候危機に対する提言集……………187
参考文献　196
あとがき　200

第1部　学び働く

一　学問のすすめ

引田《ひけた》城曲輪《くるわ》埋める落葉かな

２０１９年12月、香川県東かがわ市の女性ガイドが戦国時代初期の山城を案内して下さいました。足がズブリと沈むほど落葉は積もっていて、山道の途中にある、開けた明るい所に出ると薄曇りの空の下に塩田跡地が見えました。

「この後どちらをまわりますか？」

「明後日は丸亀城を見て、その後は愛媛、高知に行き30日にフェリーで東京へ帰ります」

「今回の旅の目的は」

「学生の頃、勉強しなかったので修学旅行をやり直しています」

朝の6時25分からテレビ体操をして、毎週ヨガとマッサージに行く、虫眼鏡で辞書を読む、鍼治療を受ける、若い時には必要なかった事です。若い時は徹夜で本を読んでも疲れなかったけど今そんな事をしたら入院するかもしれない、何の為に勉強するか分かっていればもっと勉強したと思います。

原始的な生活をしない限り、ある程度の読み書きと計算は必要、と言いながらマサイの人達もスマホを使っているそうで彼らも読み書きが出来るのだと思います。戦国時代から江戸時代初期にかけて、治水工事や築城、測量などの目的で和算が発達したそうです。加重な年貢を納めない為にも農民は和算を勉強していた様です。

働いて税金を払う様になると税金の使い道に関心を持つ様になります。学生の時「公民」の授業があったのはその為かと後になって分かったりします。国内だけでなく外国の事も分からなければ海外取引が出来ないから地理も必要です。冬に結露が起こる原因が分からないと対策を考えられない、地球の公転がもたらす四季の変化があるから衣食住に於ける寒暖の調整が必要になり、理科も勉強しなくてはいけない、子供の頃から社会に関心を持ち、新聞を読む人は頭が良いのだと思いますが、私は何も考えずに大きくなってしまいました。

就職するのに履歴書を書かなくてはいけません。いつ何処で何をしたという履歴は一生変えられません。人事部は「うちの仕事を任せて大丈夫だろうか」という判断材料として履歴書を使うのでしょう。私が採用する側なら応募した人の履歴を知りたいと思うから当然の事です。高校や大学を中退して活躍している人もいますが、とりあえず学校を卒業すれば世の中で困らないというのはある程度正解です。

何の為に勉強するのか。世の中に出て困らないだけでなく、良い情報をインプットする事は人間の幅を広げてくれます。

アンテナを張って情報を取り入れるとは自分のキャパを大きくする事です。20歳には20歳の事を考え、30歳になれば30の事を考え、40では40の事を、50になれば50の事を考える、しかしそれを出来るのは平均的な学力を持つ人です。大は小を兼ねるから、キャパの大きい人はそうでない人に合わせる事が出来ます。キャパの大きい人にはユーモアのセンスがあります。キャパが小さい人は一杯一杯になり、冗談を言う余裕がないのだと思います。

これを読む人が勉強の出来ない人であっても心配しないで下さい。社会で必要なのは頭脳労働ばかりではないし、社会に出てから勉強する人もいます。藤子不二雄の一人、藤本弘さんが昔の自分を描いたのがのび太という事ですが、藤本さんの様に子供時代に勉強が出来なくても社会に出て活躍している人はいます。大器晩成と言って優秀な人は脳の発達が遅い場合もあります。

それに加え、ここで話す勉強は座学だけではありません。人に会って話す事も勉強、教科書に書いていない、学校で教えてくれない、新聞に書いていない、テレビで報道しない、インターネットやＳＮＳにない情報もあります。教えるべき事を親が教えない場合もあります。どんな事を話すか友達の質にもよりますが、人が教えてくれる情報も沢山あります。友達がいない人は普通の人が当たり前に知っている事を知らなかったりします。若い人は年上の人と話す事を心掛けて下さい。年上の人と話せば語彙が増え、長年生きた人は情報のストックを沢山持っています。

情報の備蓄を増やすとは自分に投資する事でもあり、保険の様な役割もあり、不幸な選択を回避出来ます。パンデミック（ウイルスの世界流行）がもたらした失業は歌舞伎町で売春する女性を増加させました。それしか生きる道がないと思い込んでいて、彼女達は生活保護がある事を知らないのです。持っている情報量が少ない人は、自分が持つ小さい物差しが物事の判断基準になります。

諸外国で、自然界で何が起きているか、ニュースを知ろうとしない人は鎖国時代を生きる情報難民と言っても過言ではありません。ニュースを取り入れないとは社会に無関心になる事であり、そういった人は自分の生活しか考えない内向き思考の人間になってしまいます。羊という動物は周りの羊に追従する習性で生きます。自ら判断する能力がなければ羊の様な生き物になってしまい、洗脳されやすくなるでしょう。

テレビを見ない人が増えている理由は分かりませんが、テレビは視聴者を洗脳または現実逃避させる手段になる場合があり番組を選ぶ必要があります。パルプを減らす為に紙の新聞を読まないのは仕方ないとして、インターネットだけを見ていると興味のある情報だけを取り入れる様になり偏って情報難民になる可能性があります。視聴者が知りたくない事を放送すればスポンサーがつかないし、誰かに都合の悪い情報を切り捨てるとしたらそれは報道のあるべき姿とはいえないでしょう。ですから私はN○Kを商業主義に影響されにくい放送局として消去法で見ています。難しい深刻な番組だけを見ると鬱《うつ》になるので気晴らしのお笑い番組も必要でしょう。ただしお笑い番組と大食い番組だけを見ると情報難民になります。そういう私は日々取り入れる情報量は充分ではないと思いながら生活しています。

「吾日三省吾身」(日に三度自分を省みる)という論語の一節が三省堂の由来だそうです。「自分は間違っているのでは」など自分を内省して対人関係について考える、そういった思考回路を持つ人は自分の間違いに気付き、自分で軌道修正していきます。自分と向き合う作業を出来ない人、抽象的な思考が出来ない人は、短絡的な動機から犯罪に走ってしまうのだと思います。

何の為に勉強するのか? 何も考えない人は本能だけで生きる動物みたいな生き物になってしまい、自分の気持ちを言語化出来ない人は短絡的な暴力行為をとる事があります。「話せば分かる」と言った犬養毅は青年将校に狙撃されました。狙撃した青年将校は話し合いを出来ない人だったという事になります。世の中には色んな価値観の人がいて自分の意見を認めてもらう為に何をするか考えなくてはいけません。イギリスの環境活動家が美術館で有名な絵画にトマトスープを投げたというニュースを見ました。そうしたい気持ちは分かりますが、逆効果です。

何の為に勉強するのか？　東大に入る為、東大を卒業するとどうなるのか？　良い就職が出来る。それはそうかもしれない。東大卒でなくても活躍している人は沢山いるし、東大卒のニートもいます。ブランドめいた学歴にこだわる人は自信のない人かもしれません。

東大を出てエリートコースを歩いた人はどうなるのでしょうか。課長、部長、所長と出世する人は名刺交換する度に誇らしげな気持ちになるでしょう。しかしいつまでも働けるものではありません。会社の中では偉かったのに定年退職すると全ての肩書きを失い、誰も見向きもしないただの人になってしまう、会社オタクだった事に気付き、マンションの管理人など次の仕事を探せる人は良いのですが、過去の栄光にこだわる人は退職した会社に客として出向き苦情ばかり言うクレーマーになります。

何の為に勉強するのか？　学歴は幸せに生きる必須条件ではありません。学歴のあるなしに関係なく、幸せに生きているなら、その人は勝ち組なのです。

二　働くこと

ある銀行で銀行員は支店長の机に向かって並び、朝礼が始まるのを待っていました。女性行員が支店長に何か話しかけています。欠席の連絡でしょうか？　支店長は語り始めました。

「月曜日に体調を崩して休む人が見られます。特にこの時期そういった人が多いのです。週末に遊び疲れ、体調を崩して月曜日に休んでしまいます。本来休みというのは体調を整え、月曜日から元気に働く為にあるのです。遊んで体調を崩しては本末転倒です」

学生気分が抜けない新入社員がいるのでしょう。

会社の間では何十億という金額が動いています。金額が大きいだけに、間違えれば大変な事になり、顧客や株主の信頼を損ねる事にもなります。しかし生身の人間だけに疲れれば仕事を間違えやすくなります。

職場見学や学童保育は私が子供の頃はありませんでしたから今の子供達は色んな面で恵まれていると思います。準備がないまま社会という大海へ放り出され、学校は社会へ出る準備をする所と大人になって気付きました。どうして働くのか、意味を考えてみましょう。

野生の動物は起きている時間の殆どを捕食、食べ物を探すことに費やします。生き物は食べないと死んでしまうからです。動物の世界に生活保護はないから必死に食べ物を探しています。動物にとっての餌探しは人間にとって働いて収入を得る事に相当するでしょう。

食べ物や服、住居を買う為にお金が必要ですが、それ以外に働く人は収入の一部を税金として払います。日常的に私達は舗装道路の上を歩いているでしょう。ゴミ収集車が定期的に来るでしょう。税務署が言いそうな事ですが、税金はライフライン、インフラ、色んな場所に使われていて私達の生活を支えています。ですから働いて税金を払うとは社会に参加する事なのです。原始的な生活を送る人は税金を払わない代わりに社会保障を受けられません。警察も消防士もいない、困った時には呪《まじな》いや祈祷で解決します。

お金が手に入れば何をしても良いのか。麻薬売買、振り込め詐欺など、社会に害を与える行為、法律に抵触する行為を仕事と言いません。仕事はその人の本質であるアイデンティティー（自己要素）なのです。「私は医者です」「うどん屋です」「電気屋です」「庭師です」「農家です」「幼稚園の先生です」「漁師です」「自衛隊員です」「看護師です」大学の先生ばかりいても社会は成り立たない、どれも必要な仕事です。お金をいただきながら働く人は社会の役に立つ事をしています。現在の私はパソコンのキーボードを叩きながら色んな職業の恩恵を受けています。電力会社、水道局、ガス会社、賃貸住宅の管理会社、スーパーで働く人がいるから今日のお昼ご飯を食べられました。

過重労働やパワーハラスメントがある場合は無理して続けない方が良いと思いますが、働く事で社会性を身に付けられます。それが目的で働いたのではなく結果論ですが、特に事務員は人間力を鍛えられます。顧客、上司、同僚がいて常に相手の立場にならなければ仕事は回らないからです。自分のミスや顧客からきたクレームなどを上司に報告しない人は良い会社員とは言えないでしょう。極端な例ですが、上司が右を向けと言えば右を向く、警察犬の様な訓練を受けます。自分の思い通りになる事は一つもない、それだけ社会は厳しいのです。社会では学力より人間力の方が評価されると思います。

振り込め詐欺に騙《だま》される原因の一つに働いていない事があると思います。会社へ行っていれば物理的に電話に出る事は出来ません。しかしそれを除いても騙《だま》される人達に共通しているのは働いていない高齢者です。社会の風にあたるとでも言いましょうか、働いていれば緊張感があり、新しい情報を取り入れないと仕事は上手くいきません。働いていないという事は社会との接点がない事であり、最新情報を取り入れる意欲がなくなるのだと思います。詐欺師からすると世の中をよく知っているしたたかな人は標的ではないのです。

働く事は親の間違いに気付かせてくれます。自分の親を尊敬出来る人がいたら素晴らしい事ですが、完全な人はいませんから、大なり小なり偏った躾《しつけ》を受けているのではないでしょうか。子供は親の価値観を引き継ぎますから親の欠けた所も引き継ぎます。親の悪い価値観を自分も引き継いでいる事に気付いたのは私が働き始めてからでした。働く事により矯正《きょうせい》されていくのだと思います。

一人っ子は過保護になる傾向があります。周りに子供がおらず、両親の四つの目、祖父母が加わるなら6人の視線が一人の子供に注がれます。家の中では特別な存在でも社会に出たらただの人、子供を王様の様に扱う親は将来の事を考えていないと思います。

働く事は他に意味があるでしょうか？　机上で勉強しても実際にハンドルを握るのでなければ運転を覚えないのと同様、働かなければ世の中の事が分かりません。ですから働いた経験のない人は社会基準を知らないので自分が基準になる傾向があります。私の場合、社会を知る為に働いたのではなく、これも結果論です。

働いてお金を得る大変さが分かるとお金を大事に使う様になります。こんな事を言ったら語弊《ごへい》がありますが、社会人になってから資格を取ろうとする人は学生時代より真剣に勉強する様です。自分が働いて手にしたお金を無駄にしたくないからです。新幹線で隣に座った女の子の話によると、パンデミックの間、宅配の〇〇イートを食べながら高校のオンライン講義を聞く生徒が多かったとか。人から貰ったお金だとありがたさが分からないのでしょうか。

そんな私にも進路を決めかねて働いていない時期がありました。そんな時は専業主婦の友人に誘われて物見遊山に出かけました。手芸サークルの見学が終わってからレストランで誕生日会をした時に思いました。「平日の昼間から専業主婦は優雅だなぁ、専業主婦って働かなくても老後の年金を受け取れるんだなぁ」

専業主婦になりたいという人もいますが働く事は損なのでしょうか？　社会の事が分からないから人を頼らないと生きていけない、子育てが終わり趣味のNPO法人を立ち上げても、それを維持するだけの事務力がない、専業主婦にある傾向ですが、それって損だと思いませんか？　健康であれば働く方が得です。働く事は辛い事もある、しかし楽をすれば得るものも少ない、人生一度きりなのだから濃い生き方をする方が得です。お金の動きや物の流れなど世の中の仕組みが分かるのは面白い事です。

職場があり、家族があり、趣味があり、サークル仲間がいて、色んな世界を持っていると行き詰まる事がありません。家族と喧嘩しても電車に乗って職場へ行けば頭の切り替えになり、仕事は気分転換にもなります。ですからお金に困らなくても働いている人は結構います。

お疲れを駅で告げるは活けた百合

三　ありがとう

「ご苦労様」という言葉は上司が部下に向かって言う言葉です。散歩しながらゴミ拾いをしているると行きずりの人の反応は様々で、高齢女性から「ご苦労様」と言われた時には内心腹が立ちました。「あなたに頼まれて働いている訳ではない、年をとったというだけで自分が偉くなったと思っているのか、私も将来そんな年寄りになってしまうのか？」腹の中でブツブツ言っているので今度誰か話しかけてきたら「プラスチックゴミは地球の気温を上昇させている」と話してみようと思います。「掃除をありがとう」と言われたら嬉しいけれどありがとうと言われた事はありません。

「ありがとう」と言う習慣は日本で定着していない様に思われます。「悪いね」「すみません」「ご苦労様」と言われるよりは「ありがとう」と言われた方が嬉しいと思います。

自己肯定感のない人は肯定的な言葉を発するのが難しい傾向があると思います。北米人に「おめでとう」と言えば「ありがとう」という言葉が必ず返ってきます。日本人に「おめでとう」

と言うと相手は絶句したりしてこちらまで寂しい気持ちになります。

古代人は言葉には霊威が宿っていて言葉通りの事象がもたらされると信じました。それは「言霊《ことだま》」と呼ばれます。

言霊《ことだま》を裏付ける実験をした人がいます。氷を作る過程で、肯定的な言葉を話し続けるときれいな結晶が、否定的な言葉では醜い結晶が出来たというから、言霊は現代でもあると私は信じています。ですから肯定的な言葉を使えば前向きな人になれると思います。

日本人はレストランで支払いする時に「ご馳走さま」等と言いますが英語圏の人はThank youと言います。Thank youという言葉は便利な言葉で英語圏の人はとても頻繁に使います。

I think you are pretty.（あなたはきれいだと思います）

Thank you.（ありがとう）

など褒めてくれた人に対してもお礼を言い、良い習慣です。

昔は聞かなかったカスタマーハラスメントという言葉を耳にする様になりました。私も企業に対して苦情を言う事はありますが、褒め言葉や感謝の言葉も伝えるようにしています。相手も人間ですからいつも怒られていたら働く意欲を失ってしまうでしょう。

スーパーで買い物をしていた時の事、兄弟と見られる小さな男の子３人がビニール袋を頭

から被って遊んでいました。私は、

「だめ！」

と言って男の子の頭からビニール袋を剥がすと、

「お母さんはどこにいるの？」

と聞きました。男の子についていくと若い女性が買い物をしていました。

「お子さんがビニール袋を被って遊んでいましたよ」

と言って手に持っていたビニール袋を女性に見せました。知らない人から注意されたのが嫌だったのでしょう。女性はムッと押し黙っていました。しかし謙虚な人であれば「ありがとうございます」と言うでしょう、自分の子供を助けてもらったのですから。

芋虫の庵《いほり》となりぬ山椒の木

引っ越しの多かった半生ですが、結婚後、千葉にある夫の実家に暫く住んでいました。木造一軒家で北側の狭い庭に山椒の木がありました。2015年の初夏の出来事ですが、塀からせり出した山椒を夫が切った後、切り落とした枝に揚羽蝶の蛹《さなぎ》があるのに気付き、蛹《さなぎ》のついた枝を玄関のバケツにさしておきました。

毎日観察していると蛹《さなぎ》の中で成虫の形になるのが分かります。２週間ほど経った頃、朝起きて玄関へ行くと空《から》の蛹《さなぎ》の近くに揚羽蝶が止まっていました。羽化直後、蝶は柔らかい羽を広げ飛ぶ準備をします。羽に体液が行き渡り硬化する為です。玄関のドアを開け放ち、飛び立つ瞬間を夫と二人で待ち受けました。

暁の羽干す蝶の静かなり
揚羽蝶舞い上がらむと羽ばたきぬ
揚羽蝶見送る親の心地して

枝の先端までササッと歩み寄り羽ばたくと、蝶は朝の空へ旅立っていきました。

「頑張って生きなさい、頑張って！」

夫が近くにいなければ私はそう叫んでいたかもしれません。蝶にとっても生きていくのはたいへん、短い生涯の間に配偶者を見つけて子孫を残さなくてはいけません。胸がいっぱいになり、何を話して良いか分からず、私が、

「お礼も言わずに行ってしまったね」

と言うと夫は言いました。

「お礼を言うのはこちらの方でしょう、こんな経験をさせてもらって」

相手が年下でも、知らない人でも、人間でなくても「ありがとう」と言うと自分が謙虚にさせられます。

四　愛国心

「あなたは誰」と聞かれたら殆どの人は自分の名前を答えるでしょう。しかし考えてほしいのは、名前はあなたの一部であるという事です。「他の言葉で自分を紹介して下さい」と言われたら自分の職業、学生なら学校名、国籍、性別、習い事、住所や経歴などを話すかもしれません。自分を自分にさせる要素の一つ、国籍について考えてみましょう。

『最後の授業』という話はアルフォンス・ドーデによって書かれました。プロシアとの戦争に敗れたフランスは講和条約としてアルザス・ロレーヌ地方をドイツに譲渡する事になり、フランス語で授業をするのは今日が最後、明日からドイツ語を話さなくてはなりません。アメル先生は生徒達に言います、民族が奴隷となっても、その国語を持っているうちは、その牢獄の鍵を握っている様なものだから、フランス語を守り通して、決して忘れてはならないと。

「鳩までドイツ語で鳴かなければならないのかしら」

とドーデは想像します。そして、授業の終りに先生は、

「フランス万歳」

と大きく黒板に書いた、そんな話です。

言語はアイデンティティー（自己要素）であり、文化でもあります。「自分は何者か、何人か」というアイデンティティーを作り出すのは言語です。

母国語の章では母国語教育よりも外国語の習得を重んじる危険性について話します。日本人が日本語を疎かにするのは愛国心の芽を摘む事です。

日本が武断政治を行ったアジア諸国に於いて、日本語を話す年輩者は沢山います。日本は侵略した国々に於いて、彼らの母国語ではなく日本語による教育をしました。そしてそれは『最後の授業』の様に彼らの愛国心と文化を摘み取る為の強硬手段であったと思います。武断政治を行わなかった台湾に於いては親日派が多く、自ら好んで日本語を勉強する若者も沢山います。

外国語の習得において平和な時と占領下で逆転現象が起きるのは興味深い現象だと思います。占領下では支配者の言語を覚える事に抵抗して、平和な時代になると憧れから外国語を習得する人が増えるからです。

「日本は（略）政府が口を出し、国民はただ政府にそそのかされた方向に突き進むだけでした。国民は（略）居候に成り下がり、国を仮の宿のように思っていました。だから国に親しみの気持ちを持つこともありませんし……」（河野英太郎『福澤諭吉 現代語訳 学問のすすめ』SBクリエイティブより引用）

維新時は文明開化によって、戦後はGHQの占領政策によって、日本人を否定する様に刷り込みをされてきました。だから愛国心を持つのは右翼だけと思う人もいるかもしれません。

白人中心主義の章でアジア人は欧米人に劣等感を持っていないかという問いかけをしています。個人的な経験ですが、自国の歴史や文化を知らないのは良くないと思ったから全国通訳案内士の資格を取得しようと思いました。

日本人の先祖が自然と共生してきた事はその文化から分かります。四季を表す季語が使われるのが俳句の条件であり、季語の殆どは動植物の名称や気象を表す言葉です。

日本人の先祖は物や動物を大切にしてきました。針供養や鐘供養、人形供養に代表される様に、日本人は長年使用した道具に対してさえ感謝の気持ちを表しました。動物の供養塔もあります。草木塔《そうもくとう》とは草や木にも魂がある事を感じた日本人が自然への感謝を込めて建立した石碑であり、江戸期の草木塔は全国で34基確認されています。「南部裂織《なんぶさきおり》」は着古した布を再生する東北の機織り技法で、細く裂いた布を横糸に、木綿糸を縦糸にして手動の機で織ります。「焼き継ぎ」とは割れた陶器を修理する技法であり、とりわけ破損した部分を漆で接着した後に金粉で装飾する「金継ぎ《きんつ》」は芸術の域に達しています。再利用社会の江戸でゴミは殆ど出なかったというから、アメリカの大量生産大量消費に迎合しなければ、環境問題もここまで深刻にならなかったでしょう。

小泉八雲が著した『日本人の微笑』から引用します。

「日本の若い世代が軽蔑《けいべつ》すべきものとみなしている自国の過去へ、日本人が将来振り返る日が必ず来るであろう、(略) いまは消え失せてしまった古風な忍耐や自己犠牲、古風な礼儀、(略) 日本人はその時多くの事物を思い返して驚きまた嘆くに相違ない。とくに古代の神々の顔を見、表情を見なおして驚くに相違ない。なぜならその神々の微笑はかつては日本人自身の似顔絵であり、その日本人自身の微笑でもあったのだから。」(小泉八雲『明治日本の面影』講談社学術文庫)

現在の日本を言い当てている小泉八雲[1]はメイスン宛の手紙でこうも言っています、「日本は何という恐ろしい速さで近代化していくのでしょう。それも服装や建築や習慣ではなく、心と態度に於いてです」と。

自国に誇りを持つ日本人が増えたらもう少し世の中は良くなると私は思っています。悪い事をすれば自分の価値を下げる事になるから、自分に対して誇りのある人は悪い事は出来ない、対象が個人であれ国家であれ、良い意味でのプライドは必要です。

諸外国が努力しても真似できない物が日本にはあります。世界で一番古い皇室、世界で一番古い会社[2]、世界最古の木造建築です。高いビル、新しいビルはいくらでも建てられるが、法隆寺に勝る建築物を建てる事は出来ません。これを読んでいる人は自分の国に誇りを持ってほしい、そして国を良くする為に行動してほしいのです。

東京の人は何とも思っていないのに、東京に対抗意識を持つ大阪人がいます。関東と関西で競り合っては視野が狭くなるから、やはり必要なのは愛国心です。

自社の商品に誇りがなければ良い営業マンになれないのと同様に、愛国心のない人は国際人になれません。自分は何者か、何人か、アイデンティティーのない人はいません。愛国心はアイデンティティーです。「私の国は美しいが、あなたの国も素晴らしい」文化、民族、宗教の衝突が増える現在、愛国心を持つ人が一人でも多く増えますように。

古《いにしへ》の燕も来たる法隆寺

［注釈］

1　ラフカディオ・ハーン：アイルランド人の父とギリシャ人の母を持つ。アメリカでジャーナリストとして働いた後、来日して小泉節子と結婚、小泉八雲と名乗った。日本の文化を執筆して１９０４年に他界した

2　金剛組：５７８年聖徳太子によって招かれた金剛重光によって創立された、大阪に本社を置く宮大工の会社

五　女性差別

飛鳥から奈良時代は女性天皇が活躍した時代でした。奈良時代は80年と短い期間でしたが、男性天皇より女性天皇が統治した時間の方が長かったのです。当時の日本では女性の地位が高く、結婚しても財産を持ち、姓を変える事もなく、皇后として独立した経済基盤を持ち、夫と共に政治に関わりました。天皇の後継者として性別よりも能力や年齢が重視されました。藤原京に遷都《せんと》した持統《じとう》天皇、和同開珎《わどうかいちん》を鋳造《ちゅうぞう》させた元明天皇は二人とも女性でした。

女偏がつく漢字は否定的な意味合いを持つ字が多い事から古代中国で女性は蔑まれていた事を想像します。

纏足《てんそく》は女性の人権を踏みにじる中国の陋習《ろうしゅう》でした。纏足の起源の定説はなく、夏、殷、周の三王朝という見解もあるが1950年に中国政府が纏足禁止令を頒布《はんぷ》するまで女性の足を小さくする習慣がありました。子供の足を布できつく巻き付け、足が大きくなると脱臼、骨折させて膿や血が流れても続けました。纏足の女性は自由に歩けないので他人に抱きかかえられる事や背負われる事もありました。

昔は医療が現在の様に発達しておらず、伝染病や飢饉で沢山の人が亡くなりました。奈良時代、日本の人口は数百万人、その3分の1が天然痘で亡くなったといわれています。

戦争では沢山の男性が亡くなりましたから子供を産む事が女性の仕事として求められたのは必然的だったのでしょう。子供を産める女性は政略結婚の道具でもありました。

女性には生理があるためか、汚れた存在として扱われ、江戸時代には富士講[1]に参加できず相撲見学も出来ませんでした。女性には許されない神事や祭りが多かったのですが、現代では女性の参加が増えてきました。

生物学的に女性は男性に比べて具合の悪い日が多いのです。生理中に腹痛で悩む人もいますが、月経前症候群に苦しむ人もいます。頭痛がしたり、腹痛がしたり、そういった日々が毎月あり、妊娠、出産が可能な年齢を過ぎると更年期障害があります。

一昔前、男系優先の家族制度があり家事労働を女性が担いました。母親よりも長男が重んじられたので「父兄」という言葉が使われたが、これは時代にそぐわない言葉として現在では「保護者」が使われています。義務教育を終えないうちに多くの女子が奉公に出ました。

しかし体の違いこそあれ、人口の半分は女性です。ＳＤＧｓも「性別の平等、全ての女性及び女児の能力強化」を謳《うた》っています。

日本には女性専用車両というシステムがあります。コロナ流行以前は通勤電車が過密でした。セクハラ行為を防止する為に鉄道会社は朝の一番過密な時間に女性しか乗れない車両を設けました。「女性専用車両は男性に対する差別だ」と言う男性もいますが、そういう人は女性の苦労が分かっていません。多くの女性は痴漢被害の経験を持っています。バスで二人がけの座席に空席があると、殆どの女性客は女性が既に座っている座席を選ぶのに気付くでしょう。人口の半分は女性なのだから、女性専用車両は八両ある中の一両だけでなく四両あって然るべきです。

城など文化財の出入り口は狭い所が多く、タイミングがかち合うと訪日観光客である欧米の男性は私を先に行かせてくれます。私が女性で欧米ではレディファーストが浸透しているからです。英語では女性を弱い性別（weaker sex）という場合もあります。男性の腕力は女性より勝っているからレディファーストがあるのでしょう。

日本の男性は女性の前に割り込んだり、エレベーターでも先に降りたりするなど日本の男尊女卑は根強いです。

私の戸籍は女性で、本人も自分を女性として認識しています。そういう私は女で得した時と、損した時と両方あります。

得した時は何か奢《おご》ってもらった時です。女性は稼ぎが少ないからか、飲食代など安かったりします（これを書いた後で賃金格差があるのを喜んではいけないと思いました）。男性ばかりの集団でも女性がいれば紅一点と言われ歓迎されます、もっともこれは若かった時の話でオバサンになってからは歓迎されません。

損した時は女性というだけで馬鹿にされる時があるからです。男性の上司が対応すると、怒る客は掌を返す様におとなしくなったりします。働く女性なら誰でもこういう経験を持っています。悪い事をしなくても女性がハンドルを握っているだけでクラクションを鳴らす、すれ違いざまに罵倒する、女性ドライバーはそういう経験もあるでしょう。

女というだけでチヤホヤして罵倒する、男とは不思議な生き物です。

理由なく女性を罵倒する男性は自分より下を作らないと安心出来ない、精神的に弱い人なのです。しかし、女性差別には男性側の問題と差別を受ける女性側の問題、両方がある様に思われます。

「そういう事は苦手だから私はやらないの」と言う女性は結構います。そういう言葉を聞くと「甘い、甘すぎる」と私は腹の中でつぶやきます。「パソコンは苦手だからやりません」

と言えば仕事が見つからない、「出来ます、やります、覚えます」と言って就職の面接に臨みました。選り好みをしていたら失業してしまうから、得意な事を生業としてきたわけではなく簿記や貿易事務の資格も取ってきました。

この人、自分の家を持って住んでいるのに不動産会社とどんな取引をしたのだろうと思った事が何回かありました。不動産の知識が全くないのです。多分そういう女性は、夫をあてにして社会の事を分かろうとしないのだと思います。不動産取引ではどんな手続きがあるのか、世の中のお金やモノはどの様に動いているのか、夫任せにして分かろうとしないのだと思います。概して社会に関心を持つ人は女性より男性の方が多く、特に日本ではその傾向が強い様に思われます。

2023年9月8日の朝日新聞を参照すると、「世界経済フォーラムは『ジェンダーギャップ指数』を発表した。146カ国中、日本は125位で過去最低、前年から9ランクダウン、主要先進国で最下位を連年這いまわる」そうです。

夫をあてにして社会の事を分かろうとしない、「出来ません、分かりません」と言いながら他人をあてにして生きる、そんな人を見ると、差別される原因を女性自ら作り出している様に思われて仕方ないのです。

実をつけぬ桜と聞けど小さき実

［注釈］

1　富士講：富士山信仰の信者により構成されたグループ、旅行費用を「講」で積み立てた。女人禁制の富士山に行けなかった女性は富士塚より富士山を眺望して富士山信仰をかなえた。関東各地にある築山、富士塚は縮小された富士山と見なされた

六　時間の価値

カナリヤを掌に握り、左耳に当ててみました。急流の様に、とても速い鼓動が伝わってきます。

カナリヤの胸の鼓動や風光る

どんな動物も一生の間にカウントする心拍数というのは大体同じで約20億回だそうです。ハツカネズミの場合、血液が心臓から出て戻るまでの距離が短いので心拍数は早くなり、寿命は約2年だそうです。大型動物の場合、血液が心臓から出て戻るまでの距離は長い為、象の寿命は約70年だそうです。一生が短いだけに小動物の一日は長いのでしょう。だからペットのインコに留守番をさせながら主人の帰りを待つ時間は長いのだろうと想像しています。

子供の頃、時間の経過は長く感じられました。新陳代謝が低下する事も関係すると思いますが年を取ると時間は加速度的に早くなります。

人の一生を一日に例えるなら若い人は朝日しか見ていません。
若い人には長生きして欲しい。
突き抜ける様な碧い空も、橙と紅が層になった夕焼けも見てほしい。
朝日だけを見て、パイのひときれを見て、結論を出さないように、
悩む事があったら生きる事が解決になるという事を知ってほしい。

旅行した時、フェリーの甲板にこんな事が書かれていました。

「自殺は周りの人が悲しむだけでなく、遺族が損害賠償を請求される事もあります」

もし住居の中で自殺が起きたらその物件は「事故物件」として扱われ家屋の値段が下がり、周囲の住民が訴訟を起こす事もあります。鉄道事故も然り、そして「あの時あの人を助けられなかった」と周囲の人は一生深い傷を負う事になります。

生きてきた時間が短いという事は経験値も情報量も少ないという事で今振り返ると「なんで悩んでいたのだろう」と思う事さえあります。昔に戻りたいとは思いません、長生きしても人生は短いから悩む時間が勿体なく思われます。

1階、2階、3階…上層階へ行くと視界が開ける様に、長生きすると視野が広がります。

この年齢に達してみると、時間が解決する事の方が多いと思っています。若い頃は年を取るのが嫌でしたが、その齢になると想像以上に良い事でした。生まれてみたら外の世界は良かったと胎児が気付くのに似ているかもしれません。

年を取ると体の不調は増えますが、良い事もあります。仕事納めのスーパーに入って「これ安く出来ませんか」と値切り交渉をした事もあります。「ちょっと待って下さい」と言ってその店員は値段を安くしてくれました。若い時には出来なかった事です。

20代の頃は年上の人を見て「どうして皺があるのだろう」と不思議に思いました。家に帰り、鏡を見て、力いっぱい眉毛を上げてみましたが額に皺は出来ませんでした。若いというだけでどこに行っても喜ばれ、何を着ても似合うと言われ、若いという事は全ての人に平等に与えられた財産であり、その貯蓄を使いながら生きていくのです。風邪を引いて健康だった事に気付き、年を取り自分は若かった事に気付きます。年を取れば年齢相応の容姿になり、鏡を見る度に増える白髪を数えながらも、年を取って良かったと思う日が来るのです。満開の桜の様な若人《わこうど》を見て、昔の自分を思い出し、生きてきて良かったと思います。

去らない台風はない
終わらない冬はない

七　いじめ

台湾のコロナ対応でT氏、前デジタル担当大臣が活躍したのは記憶に新しいところです。測定可能な最高値ＩＱ１６０を学校で3回記録、中学時代は「毎日登校しなくて良い」という学校の許可を得て大学の授業を聴講したそうです。14歳で中学を自主退学、16歳で台湾のＩＴ企業の共同経営者となり、19歳の時にシリコンバレーで起業、と輝かしい経歴が続きます。Ｔさんは小学校2年からいじめを受けたそうですが、いじめる側の理由は嫉妬心でしょう。

頭の良い人が幸せとも限りません。Ignorance is blissという英語のことわざがあり直訳すると無知な方が幸せでいられるという意味です。知力の高い人は普通の人に見えない物が見えてしまうので悩みや悲しみが大きくなるのかもしれません。しかし、いじめる人はそんな事を考えません。

駕籠《かご》に乗る人担ぐ人そのまた草鞋を作る人、学者ばかりいても社会は機能しません。ノーベル賞をとる人でも苦手な事はあり、他の人を必要としながら生きています。勉強が出来なくてもそれを受け入れている人は知能の高い人をいじめないと思います。

劣等感の強い人、自分を受け入れていない人、キャパの小さい人は自分と他人を比較して嫉妬からいじめる場合もあります。これは明らかにいじめる側に問題があります。

私は優秀な人達を知っています。2カ国語、3カ国語の通訳案内士資格を持つ人達がいます。能ある鷹は爪を隠す、有能な人は能力を隠して自慢しないから、いじめられる原因を作り出さないのです。

Tさんが上司の机の横に立たされて説教されている光景は日常茶飯事でした。人事異動でTさんがいなくなると私が標的になりました

「香港は国なの？」

という上司の問いに

「イギリスから中国へ返還されました」

と答えました。仕事に必要だから答えたのですが、上司にしてみれば自分が知らない事を部下が知っていたのが嫌だったのでしょう。

「はい」

「はいじゃない」
「すみません」
「すみませんじゃない」

どんな反応をしても怒られました。ただでさえ忙しいのに怒っている時間が勿体ない、長々とした説教は時限のある仕事を終わらせてからにしてくれ、そんな事を考えると態度が悪いと言って説教が長引きました。

仕事が大変だから、人をいじめてストレス解消する人がいます。常に誰かをいじめないと生きられない人もいます。いじめる人は話を聞いてくれる友達や趣味がないのだと思います。弱さを見せると相手はつけこんでいじめを増長させるから泣き寝入りはしません。いじめレポートを人事部に送った事もあります。そういう場合は報復の可能性もあるので退職を考えなくてはいけません。

司馬遼太郎《しばりょうたろう》さんの『菜の花の沖』という本を読んでいます。主人公高田屋嘉兵衛《たかだやかへえ》は江戸時代後期に活躍した商人で、淡路島の漁村でひどいいじめに遭います。いじめの理由は隣村から働きに来ていたよそ者だからです。いじめがエスカレートして嘉兵衛《かへえ》は着の身着のまま村抜けをします。兄弟をあてにしてたどり着いた兵庫の廻船《かいせん》問屋で必死に働き、自らをいじめた衆がひれ伏す様な豪商となり、（それが目的ではありませんが）村を訪れます。「あいつら、今に見ておれ」という反骨精神が原動力になっていたのかもしれません。どうしてこの様な事を書いているかというと自殺はいじめに対する解決にならないからです。

涅槃《ねはん》西風《にし》北前船《きたまへぶね》の来し酒田 ［1、2、3］

そういう私は人をいじめた経験があります。小学校低学年の時、大人しい男の子を叩いたり蹴ったり身体的暴力を与えました。今は自分が大人になったから分かるのですが、暴力的な父親の価値観を引き継いでいたのだと思います。思い返してみると私以外にも暴力的な問題児はいて、そういった子供達は家庭に問題があったのだと思います。

小学生時代Oさんという女の子がS君の事を汚いと言いました。今考えるとその子はS君の事が好きだったのだと思いますが、私も迎合してS君を汚いと言いました。小学生くらいだと好きな子をいじめる場合があります。8歳の児童はこんな事をする、13歳ではこのくらいの事を考えて15歳の女子にはこんな特徴がある、発達心理学ではそんな事を習います。精神の未熟さがもたらした罪ですが、汚い呼ばわりされた男の子は傷ついた様なので会う機会があれば謝ろうと思います。

２０２１年3月、北海道旭川市で凍死という手段で自殺した女子中学生がいました。「うちの子はいじめられているだろうか」と心配する親はいても「うちの子は人をいじめていないだろうか」と考える親は少ないと思います、というのは複数の子が一人の女子をいじめていたからです。

乙武洋匡さんは『五体不満足』を執筆した後に小学校教員をしていました。子供達の問題は家庭にあり教師の限界を感じたから教員を辞めたそうです。「いじめの原因は学校ではない」という意識が社会に浸透すれば学校はいじめを隠蔽《いんぺい》しないでしょう。詰まるところ、保護者は自分の責任を学校になすりつけているのでしょう。いじめられている人がいたら、転校するとか環境を変えてみるのは良いと思います。

アメリカ合衆国を例にすると給与が低いので子供が好きでなければ教員になりません。休みが多く、安定した給与が貰えるとなると待遇目当てで教員になる人がいるかもしれません。そういう人は自身の保身ばかりを考え、生徒の問題に関わろうとしないでしょう。

文部科学省『学校基本調査』を参照すると２０２４年時点で通信制高校に通う生徒の割合は11人に１人と過去最多になりました。不登校の理由は様々ですが、人と違う事は悪いという文化や会社員になる事に的を絞った教育に問題があると思います。

いじめの原因を考えると、家庭の問題は勿論あると思いますが、一つの基準で人を評価する社会構造に問題があると思います。合格、不合格の間に境界線があり、勝ち組、負け組の間に境界線がある、受験も一発勝負で人生が決まってしまう、その様な社会で升《ます》から溢《あふ》れた人々は自己肯定感を持てないと思います。江戸時代の寺子屋は誰かより高い点を取ることが目的ではなく、向学心を高めていく実学が教育方針だったというから、むしろ現代教育の方が封建的です。杉浦日向子さんによると江戸時代の寺子屋は随時入退学自由、気に入った師匠と巡り会うまで、何度でも寺子屋を変えることが出来たそうです。

再びアメリカ合衆国を例にすると入試にあたるＳＡＴは年に複数回実施され、降雪のある受験に適さない時期に一度だけ実施される日本の入学試験とは大違いです。これだけ大勢の人がいるのに一つの物差しで社会全体を推し量るなら、必ずどこかにしわ寄せがいきます。そのしわ寄せを受けた弱者がいじめや犯罪の加害者になってしまうのだと思います。愛情不足のペットが攻撃的になる様にいじめる人も幸せではないと思います。

［注釈］

1　涅槃西風《ねはんにし》：2月に吹く西風

2　北前船：江戸時代に藩から藩へ物資を運んだ商船

3　北前船の寄港地である山形県の酒田は船問屋が並び活況を呈した

八　趣味

餌を探す雀の群れに白雨《はくう》かな［1］

猛禽類や肉食獣を除き、野生の動物は起きている時間の殆どを捕食、つまり食べ物を探す事に費やします。それが、食べ物をあてがわれるペットになると時間を持て余す様になり、玩具や遊びが必要になってきます。動物同士で遊ぶ事もありますが、人間とも遊びます。楽しみのない動物はノイローゼやストレス性の病気を患う事もあります。動物にも娯楽が必要なのです。

動物がそうなら人間は尚更です。趣味や友達があり、人生を楽しんでいる人はゴミ屋敷の主にならないし、クリニックに放火する事もないでしょう（２０２１年12月19日大阪で61歳の男が雑居ビルの中にあるクリニックに放火する事件が起こりました。また、孤独な老人が住居にゴミを貯め込むのが社会問題となっています）。

趣味はあった方が良いのではなく、必要なのです。興味の対象が同じでなければ友達になるのは難しいから人間関係を築く為にも趣味は必要です。私は俳句を習っていますが山登りでもテニスでも良いのです。

振り込め詐欺に対する警告を毎日テレビで放送しているにも関わらず被害が後を絶ちません。勿論、加害者が悪いのですが、誰にも相談しないで行動する人は騙されるケースが多い様です。一方、被害を免れる人は友人に相談しています。自分では気付けない盲点でも他人から見える場合があり、その様に考えると人付き合いのある方が得でしょう。

話が逸れますが、30代半ばの時、都内の禅寺へ行きました（禅というのは中世の日本で広まった仏教の一派です）。塀で囲まれた狭い日本庭園を過ぎ、靴を脱いで廊下に上がり、受付をしました。平日の夕方で会社帰りの人達が集まってきました。本堂に通され、並べられた座布団の上に座りました。僧侶は参加者の前に立ち、話し始めました。

「これは良い、これは悪いという様に良い事、悪い事を区別しないで下さい。良い事と悪い事の間に線を引く」

そう言うと僧侶は空《くう》に指で線を引く真似をして話を続けました。

「これは良い○、これは悪い×、線を引く、○×、線を引く、○×、線を引く、良い悪い、線を引く、それを繰り返すうちに線は重なり面となる。仏の光が届かない」

ジェスチャーを交えながら話を続けました。

「私達禅の修行をする者にとっては全てが修行です。掃除をする事も、料理をする事も、出されたた料理を食べるのも修行です。お膳を下げる時にお椀を落としたら、それはお椀を持つ事に集中していないのです。これから座禅をします。座禅をする時は自分の呼吸に集中して下さい。吐く、吸う、吐く、吸う、それ以外の事を考えてしまったら意識を自分の呼吸に戻して下さい。脚を組めない人はあぐらでも正座でも構いません」

数分の法話の後、座禅をしました。座禅の後には食事が出されました。前向きになる訓練を体で覚えるのが座禅なのだと思います。

下手の考え休むに似たり、日本のことわざです。上司の嫌みを思い出したり、家族との喧嘩を思い出したり、目の前にある事に集中しないと後ろ向きになります。後ろ向きになる隙を自分に与えない為にも忙しくしなくてはなりません（忙しすぎるのにも害がありますが）。ゼンマイ[2]を巻かないと腕時計が止まる様に、漕ぐのを止めれば水に押し流される様に、生まれつきの楽天家でもない限り、前向きになる選択は常に必要です。

否定的になる隙を与えないという点に於いて坐禅を日常生活に応用する価値があると思い

ます。打ち込める趣味があれば暇ではなくなります。

私の知る限りプロテスタント教会に精神疾患者が多いと感じていて、その原因の一つに禁欲主義があるでしょう。神以外に頼るのは信仰のない証しという考えがある為か、クリスチャンで趣味を持つ人はあまりいません。せいぜい礼拝に必要な楽器演奏くらいでしょう。趣味に現《うつつ》を抜かすとはとんでもない、清貧こそが賞賛される信仰と思い込んでいるので趣味にお金を費やすのは駄目な信者のする事なのです。宗教活動に時間を取られるので趣味に投資する時間もありません。毎週教会へ行き、礼拝に参加して収入の一部を献金する、聖書を毎日読む等、良い信者のステータスを得れば得るほど宗教依存になっていきます。戒律を守らない人は駄目な信者のレッテルを貼られ、何を言っても通じないので間違いに気付いた人は宗教から離れていきます。宗教団体の中でしか生きられない、社会に参加しない人は宗教依存症で宗教オタクなのです。

本人に自覚はありませんが、少子化社会に於いては孫、子供、時には姪や甥を甘やかすのが趣味になる場合もあります（人間関係に依存する事を心理学で共依存といいます）。対象が人間ではない趣味を持ち、自分の人生を楽しむとは、自立した人生を歩む事になるのです。

城好きな人は知っていますが石垣の積み方には主に3種類あります。

①野《の》面《づら》積《づ》み：加工していない石を積むので隙間《すきま》がある
②打《う》ち込《こ》み接《は》ぎ：粗割石を積み、間詰石を隙間に詰める
③切り込み接《は》ぎ：加工された石材を積み隙間がない

どうして異なる積み方があるかというと時間の経過と共に築城技術が進歩したからです。野面積みだと石の凹凸や隙間があるので敵がよじ登る可能性があります。防御の為でもありますが戦国時代が終わると急いで城を作る必要がなくなり装飾の美を求めた結果、切り込み接ぎが出来ました。しかし、柱の構造は別として、耐震性では野面積みの方が優れています。切り込み接《は》ぎの場合、隙間がないので地震の揺れを吸収出来ません。人間の生活に於いても一見無駄に見える遊びの部分が必要です。

人間は楽しみがないと生きていけません。衣食住の他にプラスアルファが必要です。麻薬やギャンブル依存症の人は、人に迷惑をかけない、社会に受け入れられる趣味に楽しみの対象を変える必要があります。旅行好きなら旅行も良い、すでに趣味があれば

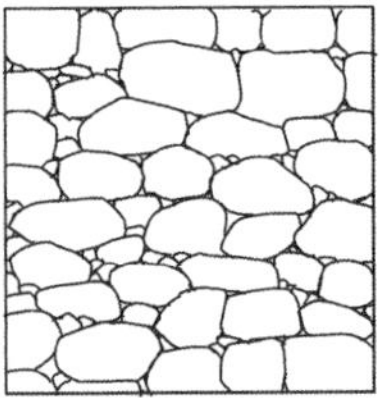
①野《の》面《づら》積《づ》み

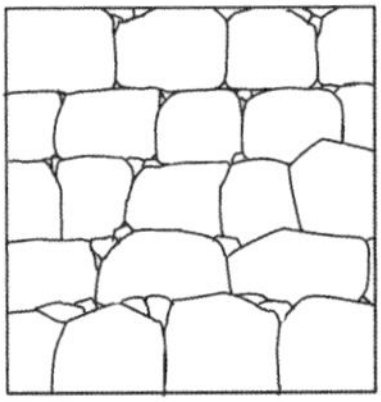
②打《う》ち込《こ》み接《は》ぎ

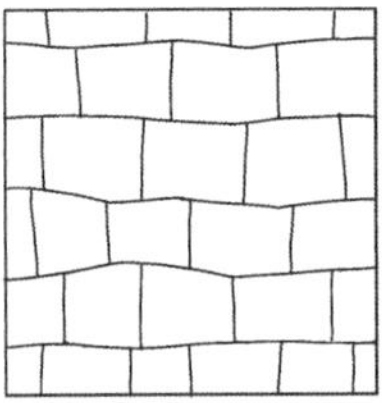
③切り込み接《は》ぎ

素晴らしい事です。子育てや介護が忙しく時間がないなら、趣味を見つける事を楽しみにして今の多忙な時期を乗り切って下さい。趣味にはお金のかかる事があるので学生の方は就職に励んで下さい。

［注釈］

1　白雨：夕立

2　ゼンマイ：渦巻きバネの弾力で動く時計

九　経験は宝

パプアニューギニアで文字を持たず原始的な暮らしをする少数民族がいます。そんな部族に派遣された聖書翻訳の宣教師[1]がこんな話をしました。「日本は良い電化製品で溢れている、それを僕達にくれないあなたはケチだ」と言われたそうです。「日本人とて楽をして生活している訳ではない、朝早くから夜遅くまで働いて、電化製品を買えるのだ」と反論しても理解してもらえなかったそうです。経験のない人に何をいくら説明しても分かってもらえません、経験は知識に勝ります。

日本での運転免許の取得率はおおよそ6割だそうです。高齢になってから教習所に通うのはお薦めしませんが、自家用車を買わないまでもハンドルを握る経験を一度はする方が良いでしょう。ペーパードライバーであっても、ハンドルを握った経験のある人はそうでない人とどこか違うのです。歩行者や自転車になった時の注意が変わってくるし、誰かに運転してもらう時に助手席でどうしたら良いかが分かっています。失礼ですが、運転出来ない人は分かっていないという事が分かっていないので、頼まれていないのにドライバーに指図する人もいて、運転の妨げをする場合があります。

台風の日にキャンプする等、当然起こる惨事を避けなくてはいけません。子育ての経験が出来ないのであればそれはそれで受け入れるべきでしょう。しかしそれ以外の経験は財産となるでしょう。

苦手意識を持っていた私は日本史を暗記物だと思っていました。勉強する上でどうしてそれが起きたかという理由、「何故」を考えると歴史は暗記物でなくなります。旅で史跡を訪れると、つまり日本史を体で学習すると面白いと感じるでしょう。百聞は一見に如かず、経験に勝る学習はありません。

パソコン教室に通って覚えた事は忘れましたが、仕事で覚えたパソコン作業は忘れません。職場で何回も同じ作業をする、つまり仕事で覚えると体で覚えるので忘れません。

水面で仰向けになって体の力を抜くと浮かぶので腕を動かすと背泳ぎが出来る、腕をこうやって動かすとクロールになる、そんな話をいくら聴いたところで水に入って練習しなければ泳ぎを覚える事は出来ません。一度覚えればこちらのもの、体で覚えた事は一生忘れません。

物事には連動性がありますから、何か体得すると応用が利きます。例えばローラースケートとアイススケートは似ているし、重心の置き方、曲がり方はスキーにも応用出来ます。

海外旅行も良いでしょう。私はスーパーの近くに住んでいて、財布をむき出しにして歩道を歩く高齢女性を時々見かけます。そんな時は「日本人は何と無防備なのだろう」と思います。

旅行する、趣味や習い事を探してみる、そういった行為には投資の価値があるでしょう。働いた経験のない人は働いてみて下さい。経験が財産になるでしょう。経験はキャパを広げてくれます。株式市場のように下落しない、蓄えた経験は一生の財産なのです。

思ひ出と齢《よはひ》重ねる去年今年《こぞことし》

［注釈］
1　少数民族の言語を理解して文字を作るところから始めるそうです

十　親ガチャ

「親ガチャ」という言葉が今日のテレビ番組で議論されていました。子供は親を選べず、運任せであるという意味です。

自販機に硬貨を入れてレバーを回すとカプセルに入った玩具が出てくるのでガチャガチャと呼ばれています。カプセルの中には子供の好む小さな玩具が入っています。その自販機は子供の目線と同じ高さにあり、スーパーやレストランのレジ付近に置いてあります。子供はそのカプセル入りの玩具を欲しがるのですが、中身を選べません。開けたカプセルの中に女の子向けの玩具があって男の子はがっかりする事もあります。

人生に対して諦めモードになっている若者が多いというのがテレビ討論の主旨でした。子供は親を選べない、丁度くじ引きめいた玩具を買うように。

私は若い時、自分の人生を親のせいにしたくないと思っていました。でもそれは物事を単純に考えていて、自分の事がよく分かっていないからでした。物事には必ず方程式があります。1と2を足せば3になる、原因があり、結果があります。

1+2=3

例えば男の子が成人男性から虐待されたら、男性に対する嫌悪感から女装する様になるかもしれません。芸能事務所のトップが弱者である子供に対して虐待をした行為が発覚しました。それは勿論許される事ではありませんが、そのトップである彼自身が子供の頃に虐待されたのではないかと憶測しながら事件の報道を見ていました。

自分の問題を知る為に原因を調べるのは必要です。原因が分からなければ対策を考えられないからです。三つ子の魂百までと言い、幼少期の体験は何歳になっても影響します。どんなに努力をしても幼少期の経験を変える事は出来ません。良くも悪くも親の影響を受けているのですが、それは空気の様で意識しません。だから親から良い影響を受けている人は世代連鎖について考えた経験がないし、私のこんな話を聞きたくないのです。

人力で石炭を採掘していた時代、鉱夫達は坑道へ鳥籠に入れたカナリヤを連れていきました。有毒ガスが増加する時、カナリヤが最初の犠牲となります。鳥の呼吸器官は人間より優れて敏感な上、鳥の体は小さいからです。カナリヤの死は避難の兆候でした。ですから「炭鉱のカナリヤ」とは弱者が犠牲になる比喩として使われます。子供は炭鉱のカナリヤです。子供は親を頼るしか生きる術がありません。不健康な家庭に充満したマイナスの空気は有毒ガスの様に子供を弱らせてしまいます。

2008年、自分の境遇を嘆いた若者が秋葉原でテロ行為を起こしました。親、生まれ育った環境を自分で選べない、その気持ちは分かるのですが、テロを起こした彼の場合、別の方法を探すべきでした。彼の話に耳を傾ける人がいなかった事も寂しい事実です。

人格を形成する要素は三つです。次の①と②についてはどんなに努力をしても変える事はできません。

①生まれ育った環境
②遺伝
③本人の選択

もはや若者ではありませんが親ガチャを嘆く若者の気持ちは分かります。思い出すのは苦痛だから私は親を忘れる様にしています。どんなに後悔してもあの家に生まれた事を変えられない、人に話しても分かってもらえない、だから忘れて生きるしかない、親を考える時間があったら私は自分の人生を謳歌したいのです。後ろ向きにならないように、自分を忙しくしています。

人から理解されないという点に於いて私はＬＧＢＴの気持ちを想像出来るのです。円満な家庭で育った男性は自分を理解してくれないと思ったから私は好きではない人と結婚しました。夫を尊敬していなかったし、傷のなめ合いをしていたと思います。

思春期を蝶の羽化に例えた人がいます。子供の時、人間の知能は動物と大差ありません。幼少期は親を美化しても、思春期になり、親を一人の人として見る様になる、親の欠点も見えてくる、世間の事が分かり始める、社会に出るその転換期に羽化に失敗すると飛べない蝶になってしまう、私はその様な蝶なのかもしれません。

親は人格形成にいちばん大きな影響を与えます。親に恵まれない場合、親の代理になる人が良い人であればその子供は幸運です。変な親なら、いない方が良いのです。どうして私はあの家庭に生まれたのだろうと考えた時期がありました。その時に、人生の複雑さに耐えるという美智子皇后（現・上皇后）の言葉を思い出しました。

「分からない人には分からないよ」と夫は言っていました。こんな話を出来る人は限られています。話し相手を間違えたら大変、相手は怒り出してしまいます。冗談を言っていれば失敗しない、場数を踏めばそんな事も分かってきます。自分の心を封印して古傷が少し痛んでも大丈夫、虫歯の跡がうずいても日常生活に支障はありません。世間の日向《ひなた》を歩けない後ろめたさを持ちつつ、日陰で得する時もあります。

円満な家庭に生まれ順風満帆に生きる、それは素晴らしい事です。子は親の後ろ姿を見て育つといいますから、子供が親を尊敬していたら社会的に尊敬される人になるでしょう。

私は中学に入り「負の数」を教わりました。正の数だけでなくマイナスも知っている方が視野は広くなります。あなたが親ガチャに外れたとしたらマイナスの世界も知っている事になり、誰かの役に立てるのです。キャパの大きい人はどんな話も出来るし（私はそこに至っていませんが）、どんな人も受け入れる事が出来ます。大きい器には何でも入ります。

聖路加国際病院名誉院長の日野原重明先生（2017年に亡くなりましたが）は医学生の時、結核になり療養生活を過ごしました。その経験を活かし、患者目線のアイディアを医療に活かしました。夏目漱石はノイローゼになった時期があったからこそ『こころ』の様な深い作品を残したのだと思います。

「ペットが死んでもこんなに悲しいのだから子供を亡くした人はどんな気持ちだろう」等と想像します。経験は幅を広げます。親ガチャに外れても、(人に迷惑をかけないで) 自分に出来る事を探す、それが巡礼なのです。

菅笠《すげがさ》のお遍路二人冬の虹

第2部　深き流れ

一　日本の景気

富本銭《ふほんせん》は和同開珎《わどうかいちん》より古いとされるが、日本社会に流通しませんでした。銭貨《せんか》を利用するほど経済が発達しておらず、飛鳥時代の人々は物々交換をしていました。税にも銭貨は利用されず稲や絹、京での労役、土木工事などで負担しました。和同開珎が発行されると労働日当や税金に銭貨が使われるようになりました。10世紀後半から12世紀半ばにかけて再び米、絹、麻などが銭貨にとって代わる様になりました。理由は諸説あり、銅の産出量が落ちた為などといわれます。その後12世紀後半から14世紀にかけては渡来銭が使われるようになりました。日本は中国へ金、銀、硫黄、水銀、木材などを輸出して銭貨や陶磁器などを輸入しました。鎌倉大仏と宋銭は金属成分が類似している為、宋銭を鋳造して鎌倉大仏を作ったといわれています。

江戸時代の決済方法は掛け売りが主流でした。売買を一カ月毎にまとめて決済する「付け」が通例で三井越後屋という三越の前身が現金取引を始めました（現金掛け値なし）。江戸幕府は金貨、銀貨など日本独自の銭貨を作り出していき銭貨も流通する様になりました。「払います」という意味合いの約束証書には手に墨を塗り手形が押されました。江戸時代の様に手形は押さないが「約束手形」や「交換手形」は現在でも使用されています。経済は時代と共に変化してきました。

話は逸れますが、日本ほど頻繁にお札のデザインを変える国は珍しいものです。肖像画が立体的に見えるホログラムを世界で初めて紙幣に導入したと自慢していますが、デジタル化を進めるデジタル庁と矛盾します。キャッシュレスの利点は犯罪防止、罹患防止等が挙げられます。余計な話をすると「どうしてお札のデザインを変えるのでしょうか」と若い人から聞かれたので「財務省が暇だから」と答えておきました。

発展途上国で庶民の所持品は少ない、インフラ整備もされていない、女性が教育を受ける機会が少ない為に子供を沢山産んで人口が多い、つまり物を買う人が沢山いる状態になります。新興国は庶民が物や家を買い、道路や橋が建設されて仕事が増え、景気が良い状態になります。先進国になると庶民が物を買い揃えた状態になります。水道、都市ガスなどのライフラインも整備されている、人口が減少すれば働いて税金を納める労働者人口も減る、お金を使う人が減り市場が小さくなる状態になります。

成長期の子供が沢山食べるのと同じく、日本が発展途上にあったから神武《じんむ》景気、いざなぎ景気を迎え、大人になったら背が伸びないのと同様に、以前の様な景気は日本に戻らないでしょう。しかし欧米は好景気に沸いているというのに日本は取り残されているのは何故でしょう。GDPで中国に抜かれ[1]、平均賃金で韓国に抜かれ、円安という低空飛行を続ける日本から外国人労働者は遠ざかる、2024年2月時点の世界のGDPランキングでは、日本はドイツに抜かれ4位に転落しました。日本人労働者が海外へ流出する、労働力不足になる、螺旋《らせん》型低迷から抜け出せない、労働時間は突出して長いのに景気が振るわない原因と対策を素人なりに考えてみました。

1　日本人は合理性より情緒や伝統、人脈を優先させる傾向があります。降雪で受験出来なくなるから9月入学にすれば良いと言ったところ「入学式に桜が咲かないのは嫌だ」と言われました。しかも留学経験のある日本人がそんな発言をしたので拍子抜けしました。入学式に桜の開花を望むのであれば気候変動に取り組むべきではないか……。地方だけではない、非合理で効率が悪くても古株（時にお局とか牢名主と言われる）に従うのは暗黙の了解として日本文化に根付いています。出る釘は打たれる、新参者が発言するなら「和」を乱す人として村八分になります。「我こそは」と武士達が名乗っている間に蒙古軍に攻撃された日本人は鎌倉時代から変わっていないのかと思ってしまいます。「それが伝統だから」「長い間の習慣だから」「しきたりだから」それだけの理由で非合理な習慣を多く継続しています。

２

その他にも文化が経済の足を引っ張る事例はあるでしょう。アメリカ人は大した取り柄もないのに自信だけはあるというのは、彼らは個人主義の国にいるから自分の評価が相対的ではありません。それに対して日本人は「和」という村社会の中で生きているから周囲の顔色をうかがい比較して生きます。「郷に入《い》っては郷に従え」と言われればそれまでですが、経済が行き詰まっているのですから従来のやり方を変える必要があると思います。福沢諭吉も「筋が通っているなら外国人に従うのもあり」と言っています。景気と教育は重複する部分と連動性があり包括的な視野が必要です。アメリカ国籍を取得した日本人が２０２１年に物理学賞を受賞しました。文化的背景に違和感があり、日本を離れたそうです。日本人がノーベル賞を受賞した事を喜ぶのではなく、博士が日本を離れた理由を考えなくては今後も優秀な人材は日本から流出するでしょう。

３

電車のドアに広告がありました。70円のアイスキャンディーが80円に値上げされ、社員一同が本社ビルの前で深々と頭を下げ謝罪している写真でした。こんな事をしているから平均賃金で韓国に抜かれてしまう！　値上がりしても商品を買えば賃金が上がるし、安かろう、悪かろうという言葉もあります。フェアトレード（公平な取引）という言葉をご存じでしょうか。途上国で児童労働をさせて生み出される安さもあります。考える隙を与えない様な長時間労働も問題だが、消費者の意識が変わらなければ経済は変わらないでしょう。各々が自分の事だけを考え内向き志向になると社会は良くならないから結局は自分が損をする事になります。

4

日本はＩＴ化に乗り遅れました。パンデミックが始まった時「未だにファックスを使っているのか」と驚きました。昔のやり方では危機管理も出来ません。デジタル化する方が効率は上がり労働力不足を解消できます。買い物難民の一因は公共交通機関の運転手不足だがネットスーパーで解決できるでしょう。運転免許更新の為に警察署へ行ったら紙のロードマップを渡されたが紙の地図を使う運転手が今どきいるのかと思います。電子化すれば経費削減になるばかりでなく環境対策にもなります。博物館の予約入場券や高速バスの乗車券は電子化され、タブレットやロボットを使うレストランも増え始めました。社会が電子化されるとアナログの人は手も足も出ないから外出をためらう様になるかもしれません。私が思い出す限りインターネットが普及し始めたのは90年代だから政府の対応は遅いです。

5 日本はアメリカの食い物になっています。戦後、食糧難の時代にユニセフから食べ物を貰えたのはありがたいが、小麦を売りたいアメリカは子供達に給食のパンを食べさせました。アメリカ企業が日本に進出する、アメリカの産物を買わせる、アメリカかぶれの日本人を増やせば自分達が餌食になっている事に気付かないでしょう。中国がアジア、アフリカを傘下に収めようとしているが、それは今までアメリカが日本や他の国に対してしてきた事です。戦争で負けた事もあるが断れない日本人の性格もあると思います。

6 人口減少で市場は縮小する、つまり単純計算で一つ1円の商品を1億2千万人に売ると1億2千万円の利益があります。人口が半減すると利益は6千万円と減少します。労働人口が減るとは稼ぎ手と納税者の減少を意味します。そして労働力が不足すればサービスや質も下がります。人口が少ない地方はサービスの質が低かったりする、競争相手がいないので地方ではよくある現象が労働者不足で都市部に於いても見られます。団塊の世代二世が出産可能年齢だった時に対策を講じなかった政府は場当たり的です。そして、兄弟が沢山いるという事は家庭の中で競争にさらされる事であり、少子化は競争心をなくすと言えるでしょう。シルバーシートに子供を座らせる親がいます。「こどもまんなか社会」というのは不適切なネーミングで、社会は自分の僕《しもべ》であると錯覚する人は英語を話しても国際人になれないでしょう。そして、少子化、核家族化は学力低下にもなるでしょう。年上の人と話さないと語彙を含めた情報が増えない、情報の少ない人同士で会話しても情報は増えない、語彙の少ない人は思考力がなく、感覚的な人は論理思考が出来ません。人口は労働力であり、消費活動を活性化するから移民の受け入れ数を増やすべきで、国力を維持するには人口が必要です。人口の多い国がＧＤＰ上位を占める事にも注目します。

7

個性をなくす教育は国際競争力を低下させます。人と違う事をしなければ新たなビジネスを産み出す事は出来ないから多様性が必要でしょう。家庭が健全であれば子供は勉強に専念出来るから個人的に塾は必要ないと思っています。社会で必要なのは総合的な人間力であり学習塾ばかり行くと教わらないと何も出来ないマニュアル人間になる可能性があります。子供時代は遊びを通して自然を観察する、または対人関係を学ぶ方が勉強になるでしょう。良い会社員になる事に焦点を絞った受験勉強では一億総活躍社会を目指す事は出来ません。日本の大学は就職する為の踏み台になっているから、大学に入る前に詰め込み勉強をして入学すると勉強するのを止めてしまう人がいます。そして人と違う事をするのは良くないという文化背景もあり、とりあえず就職して若い起業家も少ないのが現状です。欧米の様なギャップイヤーもありません[2]。色んな経験は人間力を育むでしょう。

8　二極化する社会に於いて貧困家庭で育つ子は社会に出る前に必要な生活力を身に付けられないでしょう。生活に必要な事は親を見て学ぶが、その時間がないとしたら、それは社会問題であり、親を責める事は出来ません。パートを掛け持ちするシングルマザーは子供に接する時間が少なく、社会へ出る前に必要な事を教えられないなら貧困が貧困を招く循環になります。

9　企業に倫理観が必要です。顧客が企業に対して好感を持てば、その会社の利益は増えるはずだから目先の利益に囚われてはいけません。内部告発された中古自動車販売会社の様な拝金主義の会社からは客が離れていきます。自分だけの利益にこだわると内向き思考になり、未知に不安を持つ人は現状維持に固執します。しかし、自然エネルギーへの転換を前向きに捉えるのはビジネスチャンスです。新規開拓をカバーする保険も商機として捉えましょう。渋沢栄一、三井高利《たかとし》（三井財閥の創始者）などビジネスで成功した人達は時代を先取りして常識を変えた人達でした。角倉了以《すみのくらりょうい》は京都の豪商であると同時に土木技術者でもあり莫大な資金で社会に還元しました。琵琶湖疏水の設計者であり、嵐山の渡月橋を建設し、大堰《おおい》川と高瀬川を開削して河川舟運を発展させたが、通行料収入により開発費用の元をすぐに回収してしまいました。

10 パワハラが労働生産性を下げています。パンデミックの初期、ヨーロッパでは医療従事者に感謝と敬意を示す為に決まった時間に拍手を送るキャンペーンが行われました。日本では類似する現象は起きなかったどころか、医療従事者を村八分にするニュースが散見されました。

11 過去の栄光を捨てなくてはいけません。60年代から２０１０年まで、人口１億２千万の小さな島国がＧＤＰ２位を保っていたが、それに囚われると前進出来ません。有名大学の卒業生はこんなに無知なのかと思う事があります。おそらくそういった人は学歴ブランドに満足して卒業すると勉強を止めてしまうのでしょう。モノ作りが得意だった日本はＩＴに出遅れ、ガソリンエンジンの製造に優れている為に電気自動車へと変換出来ていません。製紙技術が優れている為に紙幣にこだわりキャッシュレスに乗り遅れています。飛脚や弁士[3]という職業が現在は存在しないのと同様、商売は流動的で常に変化しています。工場や工事現場を取材するテレビ番組は日本の技術は世界一だと言います。諸外国に追い抜かれて2位、3位に落ちた分野が多々あるから世界一の技術を探して自分達を安心させているのかもしれません。そして産業スパイにとって日本ほど美味しい国はないでしょう。国境がない為か、日本人は警戒心が少なすぎると感じます。

12

過ぎたるは猶《なお》及ばざるが如し、日本の製品は加工され過ぎて使いづらい場合が多いと思います。蛇足の様な加工をすれば労働生産性を下げる事になり、「こうすれば良い」と顧客相談室に提案しても意見を聞いてもらえないケースが殆どです。

オランダのチューリップ狂時代[4]と同じ事が起きたのではないか、つまり発展途上国が先進国になる時は経済成長が止まる時期であるからバブルが弾ける事を予想出来たのではないでしょうか。団塊の世代二世が働き盛りの時に就職氷河期に始まる「失われた30年」を経験しました。自分の生計を立てるのが精一杯で進路が定まらないなら新たなビジネスで社会貢献する意欲も湧かないでしょう。これからの対策を考える為に過去を遡及するのは必要ですが、不要であればこれ以上原因探しをするのは止めておきます。

「経済力が低下を続けたら国際社会での発言力は弱くなる」とテレビ番組の解説員が言いま

した。裕福であることが良いのか分からず自分の中では未だに結論が出ていません。そもそもGDPが2位から4位に下がった事を騒ぐ必要があるのでしょうか。色恋営業するホストクラブや内部告発された中古自動車販売会社の売上金もGDPに含まれているのだから気にせずに経済の数値より質を問うべきです。富む者が貧しい者から搾取する経済構造は封建社会と変わりなく、アメリカの資本主義ではなく北欧式の福祉国家を目指すべきです。敗戦のショックから立ち直る為に団塊の世代とそれより年長の人達はがむしゃらに働いて高度経済成長を短期間で成し遂げ、その年代は社会から引退しました。それより若い年代が社会を支える今、次なる持続可能な目標を必要としています。経済に限らず社会の変換点に私達は直面しています。

八十路《やそぢ》なる女将健在石蕗《つは》の花 [5、6]

[注釈]

1 中国政府が発表する経済データの信憑性は議論されている

2　高校を卒業して大学入学前に欧米の若人は語学留学、ボランティア、アルバイトなどに従事するギャップイヤーを選択する場合があり、ウィリアム王子はギャップイヤーでイギリス陸軍に入隊し、アフガニスタンでの実践にも参加した

3　無声映画の時代、ナレーターや俳優に代わって台詞を言う弁士が映画館で働いた。現在は文化の継承として無声映画館で弁士が活動

4　1637年オランダで絶頂に達したチューリップ・バブルではチューリップの球根一つが土地や家屋と取引される事もあった

5　八十路：年齢八十歳

6　石蕗：冬に咲く黄色い小さな花

石蕗《つわぶき》

二　母国語

海外旅行へ行き、すれ違う人が着ているシャツに日本語で「こんじには」と書いてあったら日本人はどんな気持ちになるでしょう。日本在住の外国人は日々似た様な経験をしています。看板、商品の名称、表記など日本の英語は間違いだらけです。先日、日本人の友人がこんなＳＮＳを送ってきました。以下はＳＮＳのやりとりです。

友人　ところで、日本の巷にあふれる英語にスペルミスがとても多い事ご存じですか。私は全然気付かないのにネイティブの夫はテレビ、街角、あらゆるところでしょっちゅう見つけます。私も楽しみ半分で探すことにしようと昨日決めたら早速、見っけ！（Blood Test Imformationと書かれた写メを友人から受け取った。正しい綴りは「Information」で「n」と「m」を間違えて印刷した掲示物の写真がある）

私　間違えるくらいなら日本語で書けばいいのに、英語だとカッコいいと思うのか？　一番多い間違いは閉店「closed」が「close」になっています。英和辞典で印刷する前に確認すればいいのに、「Mentalが強い」というのをよく耳にしますが、「mentalityが強い」と言わなくてはいけない。

友人　洒落っ気で英語使ってスペルミスのパターン

公共施設等、真面目に外国人向けの英語案内のつもりが、スペルミスのパターン、両方あります！

形容詞、名詞の間違った使い方もよくありますね。

（ＳＮＳのやりとりはここまで）

間違いを恐れ、英語を話そうとしない人がいますが、間違えても話せば上達します。表記などは後々残ってしまうから間違いがないかよく調べて、話す時には間違いを気にしない、書く時には間違いを気にする、英語を覚えたいのであれば今とは逆説的な学習方法が必要です。「メンタリティーが強い」と言えば「精神（名詞）が強い」という意味になり、「メンタルが強い」と言えば「精神的な（形容詞）が強い」という間違った言い方になります。

毎朝聞く交通情報で気になる言い回しがあります。

「東京外環自動車道は7キロの渋滞です」
これを英語に訳すと、
Tokyo Belt Highway is 7 kilometers-traffic jam.
「外環自動車道＝渋滞」という意味になります。
Tokyo Belt Highway has 7 kilometers traffic jam.
これを日本語にすると、
「東京外環自動車道は7キロ渋滞しています」
となります。日本語は省略のきく言語だから「渋滞の常態です」を省略しているのかもしれないが、会話ではないし毎度同じ事を言うのだからもう少し考えても良いのではないでしょうか。
他にもよく使われる表現に「なります」があります。
「ヨガ教室は会議室になります」
言いたい事は分かるが、これを英語に訳すと何のことやら分かりません。
Yoga lesson becomes the conference room.
「ヨガ教室は会議室で行われます」というべきです。

アナウンサーが容疑者の氏名の前に「農業の」という言葉をつけて殺人事件を述べます。果たしてこれで良いのでしょうか。農業＝個人名？「会社員の」「自営業の」「無職の」に相応する形容詞だと思いますが「農家の」または「農業従事者の」という方が適切に思われます。行かれるというより「いらっしゃる」、やられるではなく「なさる」という方が適切な敬語ではないでしょうか？

アナウンサー、司会、評論家が使う日本語に英語または英語もどきが多いのも気になります。

・コワーキングスペース（共同作業空間）
・グローバルスタンダード（国際標準）
・レジェンド（伝説）
・フィジィカルを鍛える、メンタルを鍛える、ポテンシャルがある
・ケージフリー（檻や籠のない）
・アラムナス（同期会）
・ヤングケアラー（若年介護者）
・リスペクト（尊敬）
・シチュエーション（状況）

Be active.と言わなくてはいけないのにDo active.という名称の老眼鏡をテレビで宣伝していました。Water Positiveと言うよりPossibility of Waterと言うべきで間違いを会社に知らせてあげようかと思う時もあるけれど、あまりに多過ぎて対応できません。日本語で考えるとドック（dock：船渠《せんきょ》）とドッグ（dog：犬）の違いが分からない、ティーバッグと言う所をティーバックと書いてしまう。お茶が後退するのか？　意味不明な言葉です。「午前7時」というのをそのまま訳すので「エーエムセブン」などもよくある間違いですがa.m.とp.m.は数字の後にくるので7:00 a.m.となります。英語と日本語を混ぜたJanglishでしょうか？

「中毒」と日本語で言わずにホーリックと言って一体何パーセントの人が理解するでしょう。

「同朋」と日本語で言わずにアライズと言って一体何パーセントの人が理解するでしょう。

オーバードースと言うより「過剰摂取」と言う方が分かりやすいのではないでしょうか？

アンカンシャスバイアスと言うより「潜在的偏見」の方が理解できるのではないでしょうか。

アニマルウェルフェアと言うより「動物の福利」の方が理解できるのではないでしょうか。

インクルーシブ教育と言わずに「包括的教育」の方が理解できるのではないでしょうか。

ストランディングと言うより「座礁」、

クラウドファンディングより大衆基金の方が分かりやすくないでしょうか？

ビバークと言わずに「露営」という方が分かりやすいのではないでしょうか？

クラフトサケは魚と勘違いされるから「加工酒」という方が良いし、
メンタルヘルスと言うより「精神衛生」という言葉を使えば漢字を忘れないでしょう。

パンデミック（新型ウイルスの世界流行）で社会が混乱する中、社会的距離が問題になりました。スーパーのレジで距離をとって並ぶと割り込みされる、または後ろの人が接近してくる、「ソーシャルディスタンスをとりましょう」と言うのは分かりにくいからです。混乱している時に混乱する言葉を使うのは良くない、社会的距離、いや距離で良いでしょう。誰にでも分かる平易な言葉を使うべきで英語をやたらと使うのは日本語力の低下を表す気がしてなりません。


意味が伝わり、受け手が意味を理解して言葉はその目的を果たした事になります。日本語で言うべき事を英語で言って相手が理解出来ないとしたら、それは使う人の自己満足かもしれません。

○○ザニアの創設者は英語が出来ないのに米国資本のフライドチキンやカフェなど様々な契約を取り付けました。語学は手段に過ぎないのに日本では英語学習が学問になっています。

貿易事務をしていた時、受け取る英文メールの殆どは海外からのものでした。そしてそのメール発信者は英語が母国語ではない人で、文法の間違いも散見されました。英語人口15億人のうち11億人は英語を第二言語として用います。意味が通じるなら文法はビジネスで問題にならないのでしょう。英語が世界の共通語になってしまったが、その理由は他の言語に比べて簡素である事（多くのヨーロッパ言語には性別がある分、複雑だと思う）、26文字覚えたらどんな言葉も書ける事などが挙げられるでしょう。中世の欧州で発明された活版印刷がアジアで使われなかったのは、漢字は画数が多く、数え切れないほど多くの字があるから対応出来ませんでした。それらの理由を除いても英語が国際言語になった理由は英国が世界中で植民地支配をしていたからでしょう。アヘンを清に売りつけ、空腹を満たさない紅茶の栽培をインド人にさせ、中東に争いの種を蒔き、そんな国の言語を競って習得したがるのは英語圏に対して劣等感があるのでしょうか。もしあるなら不平等条約を結ばされ野蛮人扱いされた時とあまり変わっていないと思います。

新憲法の草案作成に奔走した白洲次郎は英語の演説を準備した吉田茂首相に抗議して、日本語で独立を宣言させました。日本語を疎かにしてやたらと英語を使いたがる現状を見ると、日本は未だにアメリカの属国なのかと思ってしまいます。

解剖学が存在しなかった江戸時代、日本語には存在しない言葉が沢山ありました。前野良沢を始めとする蘭学者達は「軟骨」「神経」「鼓膜」や「三半規管」など庶民に分かる訳語を作り出していきました。宇田川榕庵《うだがわようあん》が作った「水素」「酸化」「元素」「溶解」「細胞」「属」という言葉も広く使われ浸透しています。打者、走者、直球、飛球などは、いずれも正岡子規が訳した言葉です。外交官大鳥圭介はFine Artの訳語「美術」を、大蔵省の官僚、福地源一郎はsocietyの訳語「社会」を考えました。「健康」という訳語は緒方洪庵《おがたこうあん》によって、「体育」「討論」「演説」という訳語は福沢諭吉によって考え出されました。

こんな事がありました。「事務所はどちらですか」と電話で聞いたら「行けば分かります」と言われました。駅ビルの中にあるのかなと考えながら行ったらとんでもない、駅から数百m以上離れていました。「駅の東口を出るとレンタカー店が見えます。レンタカー店の前を通って一つ目の角を右折して下さい」と言って然るべきところ、電話に出た人が母国語で説明出来なかったのでしょう。出先で道を聞いても相手が説明できない、聞いた相手は土地勘のない人ではなく従業員だったりします。

賃貸管理会社の受付に郵便受けの修理を依頼したら、「２週間で業者から電話がかかってきます」

と言われ、実際には1週間後で困った事がありました。

The repairman will call you within 2 weeks.

「2週間以内に業者から電話がかかってきます」

と言うべきです。私を含めて平均的な日本語能力が下がっていると思います。

セミリンガルとは二つ以上の言語を話せるが、思考や伝達が出来ない状態を言います。セミリンガルの人は文法を誤って使用したり語彙が少なかったりします。日本語を正しく使うべきアナウンサーまで間違った日本語を話し、日本社会全体がセミリンガルになりつつある危機感を持ちます。

子供時代は軸になる言語を作り上げる時期なのです。幼児英会話のチラシが郵便受けに入っていると「これでいいのだろうか」と考えてしまいます。好きこそ物の上手なれ、能力があれば親が強要しなくても自分で勉強します。3カ国語、4カ国語を話すマルチリンガルの人達を知っていますが、親の意思ではなく自分で語学を習得した人達で、彼らは優れた日本語能力を持ちます。セミリンガルになるくらいなら1カ国語を話すモノリンガルである方が良いと思います。翻訳ソフトもあるのだし、語学が苦手な人に英語を教えるなら得意な分野を伸ばすべきで、能力や個性が異なる子供達に同一の教育を施す教育制度に問題があります。

英語を教える前にもっと基本的な事を子供達に教えるべきで、学校では何をしているのかと思います。

俳人NI先生は教師時代に校内暴力を経験し、それがきっかけとなり俳句の種蒔きを始めたそうです。自分の気持ちを言語化出来ない人は暴力に走る傾向があります。文部科学省を始めとする国家公務員や為政者達に考えていただきたい、母国語を疎かにせず、日本語教育に重点を置く事は国の将来を考える事ではないでしょうか。

藤の香の満つる諭吉の生家かな

三　民主主義

民主主義信ずる暮らし青葉風

ゴミを拾いながら色んな事を考えます…塾帰りお腹を空かした子供が菓子の袋を捨てるのだろうか。秀才でなくて良いから周りを考える人になってほしい。私が親ならそう思う。勉強だけ出来れば良いという問題ではない。子供は親の価値観を引き継ぐから親がゴミを捨てる人なのだろう。路上で飲酒出来るのも日本くらいだ（酒の瓶や缶が落ちている）。屋外での飲酒癖がある人はおそらく酒以外の楽しみがないのだろう。自分の境遇を恨む人は社会に報復したい気持ちからゴミを捨てる、もしそうならそれは犯罪者の心理に似ている。だらしない人は全ての面でだらしないからゴミを捨てる人は多分仕事も出来ないだろう。それにしても、どうして自分の店の前を掃除しないのだろう…誰かが片付ける事を期待してゴミを捨てる人もいると思います。マイクロプラスチックになりかけているレジ袋はつまむとポロポロに崩れ、拾う事が出来ません。

２０２２年６月12日、自宅近辺の道のり約２㎞を１時間20分かけてゴミを拾いながら歩きました。用意した三つのレジ袋は一杯になり回収出来ないゴミがあるまま帰宅しました。翌日にはゴミが落ちているから常習的にゴミを捨てる人が一定数いるという事になります。

ピレネー山脈の頂上から、マリアナ海溝まで、地球のありとあらゆる場所でマイクロプラスチックは見つかっています。２０２２年６月９日ＢＢＣニュースを参照すると南極大陸の新雪からマイクロプラスチックが検出され、雪解け水１ℓにつき直径５㎜以下の粒子が平均29・４個含まれていたといいます。有害なだけでなく雪解けを加速させる可能性があるから海面上昇の引き金になると学者達は言います。

プラスチックゴミは太陽光や水に晒《さら》されると劣化が進む過程に於いてメタンガスなどの温室効果ガスを発生させ、海で浮遊するゴミだけでなく陸地でも温室効果ガスを出すと言われています。メタンはCO_2の25倍の温室効果があるそうです。

２０２２年６月６日の日経新聞を参照すると海洋研究開発機構の有人潜水調査船「しんかい６５００」は相模湾の海底に多数のプラスチックごみが堆積しているのを確認しました。

毎年８百～３千万トンのゴミが海に流入し、２０５０年には魚より海洋プラスチックゴミの方が多くなるといわれています[1]。世界のプラスチック使用量は年間4億トン以上、人類の総体重に匹敵、人間は大気に漂うマイクロプラスチックを吸い込んでいます。

先日、スーパーで買った塩蔵わかめにマイクロプラスチックが混入しているのに気付きました。約5㎜の破片で透明なので加工する工場でも気付かないでしょう。海水浴場で放置されるゴミだけでなく、内陸部で捨てられたゴミは河川をつたい海へ流れ着き、食物に取り込まれたマイクロプラスチックを人間が食する事になります[2]。

スーパーの前で信号待ちをしていると自転車に乗ってパックのゼリーを飲む男性を見ました。「あの人ゴミを捨てそうだな」案の定、飲み終わった容器を目の前で捨てました。信号を渡りながら、そのゴミを拾ってスーパーのゴミ箱に入れました。ゴミは必ず落ちているので使い捨て手袋を持ち歩いています。

賽の河原[3]、拾っても、拾ってもきりがない。ゴミを捨てる人は後を絶ちません。「あなたが捨てたゴミのせいでカメや鯨が死んでいるのだ。自分が捨てたゴミを拾って食べてみろ、出来ないだろう、それなら捨てるな。捨てるなら買うな」と言いたいのです。

2022年7月10日参院選の投票へ行きました。私の一番の関心は環境問題でした。給付金など生活に直結する事を演説の議題にしても環境を議題にする人はいないので消去法で候補者を選びました。ドイツには環境対策政党「緑の党」があるが日本にはまだありません。今日の食べ物に困る人は環境問題について考えないから景気対策を優先するのは仕方ないが日本は環境後進国です。

シンガポールでゴミを捨てると罰金を徴収されます。日本の場合、ゴミを捨てて罰金を課される条例はあるが、そんな条例を作ったところで誰が罰金を徴収するのかが不明瞭で効果はありません。ゴミを捨てる人に私が注意すれば喧嘩になるでしょう。高級住宅地に行くとゴミが少ない事に気付きます。衣食足りて礼節を知る、ゴミが多い街は半スラムかもしれません。

子供の頃、ジュース、清涼飲料水は瓶で売られていました。1983年、六●のおいしい水が売り出されました。当初は食品衛生法の関係で紙パックの水が売り出されました。その後、小型ペットボトルを売り出せばゴミが増えるからという理由で1ℓ以上のペットボトル飲料の販売が認められました。しかし1996年、5百ccのペットボトル飲料の販売が解禁されました。飲料メーカーと国家公務員の間に癒着があったのでしょうか。予想した通り街のゴミは増えました。自動販売機とコンビニは街のゴミを増やしています。

ある国の大統領は武力で反抗する者を押さえつけます。ある国家主席は自分崇拝する教育を取り込みます。公正な選挙で自分が選ばれていないから自信がないのでしょう。私は投票を休んだ事はないし、政府を批判して拘束される人をニュースで見ると民主主義の国に生まれて良かったと思います。しかし大衆迎合の様な民主主義の毒を痛感する時もあります。

薄利多売、大量生産・大量消費の経済活動は環境を破壊します。環境対策を優先すれば失業者が増えます。政治家が環境問題を優先すると自分に投票する人が減少します。国民のご機嫌取りをしないと政治家は失業してしまいます[4]。一度当選すると「票集め」が議員の仕事になってしまいます。

私が居住する自治体ではゴミ収集有料化を推進する議論があります。その案を廃止しようとする議員にメールで反論しました。「気候変動の時限が迫っているのにどうやってCO_2を減らすのか。レジ袋が有料化されたからゴミ袋の買い方が変わるだけです。私に子供はいないが若い人達に長生きしてほしいと思っている」と。しかし、その議員から返事はありません。私達は2030年までにCO_2を半減させなくてはいけません。

飛騨高山の領民にとって祭りは数少ない娯楽の一つだったのでしょう。藩主に祭りをあてがわれると、領民は百姓一揆の気概をくじかれてしまいました。飴と鞭《むち》を使い分け、国民を利用する今の政治は封建社会と変わりません。給付金や助成金をもらって満足してはいけません。

自転車では右側走行をする人の方が多いとコロナ対策で自転車に乗り始めて気付きました。自転車も免許制にするべきだと思いますが、そうすれば反対する人が必ずいて民主主義だと物事を決めるのが難しいのです。統計を取れば、おそらく自転車の免許制度に賛成する人は運転免許を持つ人の割合が高くなるでしょう。そして反対する人は運転免許を持たない人の割合が高くなるでしょう。判断基準はその人の経験値によっても変わってくるから多数決が必ずしも正しいとは言えないのです。

多数派が間違っている事例は沢山あります。天動説を信じる人達はガリレオを裁判にかけ、魔女狩り[5]の様に皆が間違っていると自分の間違いに気付きません。米沢藩の家臣全員は上杉鷹山《うえすぎようざん》の改革に反対し、戦争中は大半の日本人がプロパガンダに洗脳されていました。問題に気付くのはごく一握りの人達です。

問題意識のない、自分の事しか考えない人も一票を投じる事が出来ます[6]。多勢に無勢、若い人の数が増えなければ若年層の意見も政治に反映されないでしょう。2023年3月27日の産経新聞を参照すると27カ国に義務投票制があり、ベルギーには罰金もあるそうです。

政治家の不祥事がニュースで報道されると、一般社会で生きていけない人が政治家になるのかと思ってしまいます。募金箱を持つ慈善団体を駅前ロータリーで見ると、低所得者の町に来ないで霞が関へ行けば良いと内心思います。ついでに余計な事を言うと発展途上国は汚職天国です。待遇が良いとお金目当てで政治家になる人が出てくるので議員の手当を下げるべきです。

ミャンマーの様に民主主義を勝ち取ろうと闘う人達がいます。権威主義国家から民主主義国家へ亡命する人達がいる一方で、権威主義の国は増加しています。２０２３年１月１日の産経新聞を参照すると独裁体制の国は25から30に増加（２０２０年比）、権威主義国家は世界人口の7割、54億人を超えるそうです。

新しい形の民主主義体制が必要ならどうすれば良いのでしょうか。民主主義体制では政治の批判を出来る一方、そんな政治家を選ぶのは自分達である事を忘れてはいけません。

政治家は国民が心配する前から、物事を憂い、国民が楽しむのを見届けた後に、自身が楽しむ、後楽園の後楽とは『岳陽楼記《がくようろうのき》』の一文、先憂後楽に由来するそうです。日本に政治屋は沢山いるが政治家は少ない、英語で言うとstatesmanとpoliticianの違いです。

A politician thinks of the next election, a statesman, of the next generation.

政治屋は次の選挙を考え、政治家は次の世代を考える。

［注釈］

1　海洋汚染や気候変動で食用の魚が捕れなくなるのは2048年問題と言われ、海洋プラスチックゴミが魚の量を超えるのは2050問題

2　現代人は毎週5㌘（クレジットカード1枚分）のマイクロプラスチックを食べているという

3　賽の河原：三途の川原で亡くなった子供が石を積むと鬼が来て壊すという仏教の言葉で無駄な努力の例え

4　第3部で話すが環境対策を前向きに捉える事は経済対策でもあり、采配を振るのは為政者の仕事

5　中世ヨーロッパの魔女狩りでは、ほくろは悪魔の印とされ、ほくろの多い女性は魔女の疑いをかけられた。被疑者は拷問の苦痛から逃れる為に他の人を魔女として指名する、それが延々と続いた

6　ブラジルのボルソナロ大統領はアマゾンの森林保護の規則を緩め、開発を優先し、畑への転換を進めた。野焼きを奨励し、森林火災を招く事態も頻発した。しかし廃棄される食品や紙の原料となるパルプを考えると責任は日本人にもある

四　戦争

幼稚園に入る前か後かは覚えていません。子供の頃、傷痍《しょうい》軍人を日常生活の中で見ました。生成《きなり》色[1]のゲートルを脚に巻き、日本兵の服装をしていました。彼らが被るキャップ型の帽子には錣《しころ》[2]の様に後頭部から首を覆う布がついていました。脚のない男性が昭和通りの歩道に座り、アコーディオンを演奏していました。腕のない男性や松葉杖を使う男性が2、3人のグループを作り山手線に乗ってくる事もありました。募金箱を首から提げた傷痍《しょうい》軍人が電車の通路を歩くと乗客が次々とお金を入れました。戦争で怪我をしたから、あの人達は乗車料金がいらないと母が話したのを覚えています。１９７０年代といえば第二次世界大戦の終結から25年以上経過していたのに、傷痍軍人達は充分な国の補償を受けられずに生活していたという事になります。

２０２２年２月24日にウクライナで戦争が勃発《ぼっぱつ》した後、テレビの報道はウクライナ侵攻に関する事ばかりでした。崩落したビルから煙が立ち上り、テレビカメラの焦点はガレキからテディベアに変わり、平和な日常を奪い去った侵攻の残虐性を訴えます。映像はぼかされているが道端に亡くなった一般市民が倒れている、女性が土葬された夫に覆い被さり号泣する、そんな映像を連日連夜見た日本人は鬱状態になり、私もその一人でした。自分は何もしなくて良いのか、そんな気持ちから署名を集めてロシア大使館に送ったりしました。

侵略を拒む棘《とげ》あり木瓜《ぼけ》の花

チェルノブイリ原発事故が子供の頃にあった、東ヨーロッパにあるウクライナがソビエト連邦に所属していた、戦争勃発《ぼっぱつ》時にウクライナの事はそれくらいしか知りませんでした。私を含めて殆どの人は歴史背景を知らずに、その狭い情報の中で判断をしながら生活しています。

ソビエト連邦とワルシャワ条約機構〔3〕が解体した時に、西側諸国も譲歩してNATOを解散するべきだったとシンガーソングライターKTさんがテレビ番組で話していました。ウクライナがNATOへの加盟申請をした事はロシアに対する挑発と言う政治学者もいます。今度は自分達が攻撃されると思うから、ロシアに気を配り中立を保っていたフィンランド、スウェーデンはNATOに入らざるを得なくなります。軍縮の努力は無駄になり、武装に対して武装で対応する様になります。

トランプ氏は在日米軍駐留経費の日本側負担、今までの4倍以上にあたる年間8千5百億円を要求してきました。平和憲法を日本に与えたのは米国であるという歴史背景に対する無知から出た発言だと思います。

2001年の同時多発テロの後、ブッシュ大統領は犯人を国際テロ組織に特定し、アルカイダの首謀者、オサマ・ビン・ラディンをかくまったとしてアフガニスタンを攻撃しました。米国が戦争の火蓋《ひぶた》を切った事により問題は複雑化しました。テログループは2・5倍に増幅して現在は72あるといいます。アラブの歴史や習慣に対する無知から出た判断でしょう。

そしてその大統領は国民に煽られていました。報復をするべきだと主張する市民達は小さな星条旗を鞄《かばん》に挿して通勤しました。戦争を始める為に愛国心が強くなり、戦争を継続する為に一致団結するのはアメリカも戦時の日本も変わりません。戦争を正当化する為にプロパガンダを流し、言論の自由を奪う点に於いて今のロシアと78年前の日本が重複します。

ジョー・バイデンは平和主義者であると公言しました、ロシアがウクライナに侵攻してもアメリカ軍は参入しない、もしそれがプーチンの動機の一つであればウクライナ戦争の責任はバイデンにもあります（それとものっけから戦争景気で儲けようとしたのか）。自分は平和主義者だと公言して手の内を見せるべきではないし、アメリカ軍をアフガンから撤退させたのは公私混同の様な気がします。私的な感情を政治に持ち込むべきではありません（ジョー・バイデンの息子は兵役でイラクに赴いた後に脳腫瘍を患い亡くなった。バイデンは息子の脳腫瘍の原因が兵役だと思っているらしい）。

戦争が戦争を呼ぶ、ソビエト、メキシコ、ドイツ、イタリア、ポルトガルがスペイン内戦を支持した事は第二次世界大戦の序章になったと言えるのでしょうか。戦争に反対した政治家達は次々と暗殺され日本は日中戦争へと突入して、その日中戦争も世界大戦に発展しました。各所で発生した小火が大火へと発展した様に、内戦と侵略は世界を大戦へと巻き込んでいきました。西側諸国がウクライナに武器を提供する一方、イランや北朝鮮がロシアに弾薬やミサイルを提供しています。

２０２３年１月に鹿児島を旅行した折、知覧《ちらん》の特攻平和会館を訪れました。本土最南端で沖縄、台湾に近かった事、地形、風向き等の理由で知覧が特攻隊の基地になったそうです。特攻隊員の平均年齢は21・6歳、１０３６人の特攻隊員のうち４３９人は知覧地方の若者だったそうです。キャップを被った軍服姿の若者、ゴーグルをつけたパイロット姿の若者、日の丸ハチマキをつけた若者、彼らの白黒写真がぎっしりと並ぶパネルが零戦模型の周りに据えられていました。その白黒写真を見ながらパネルに添って展示室を歩きました…一人一人に家族や友達がいた、婚約者を置いて旅立った人もいた、健康で若い青年達は戦争がなければ長生きできたはず、戦争は殺人を正当化する、彼らの死を無駄にしないように平和会館を建てたはずなのに、戦争は起きている、彼らの死は無駄になってしまった。

ウクライナ戦争の勃発から時間が経過して自分の中に変化がありました、戦争に負けたから日本は未だにアメリカの属国なのだと。パキスタンは国土の3分の1が水没した[4]のに自分達よりウクライナの方が大事なのかと発展途上国は西側諸国から離れていきます。私達は欧米の価値観が正しいと思い込んでいないでしょうか。

ジャーナリストでも特派員でもない私は誰かの偏見が入ったニュースや報道を取り入れなくてはならず、戦争を傍観する自分はつくづく無力だと思います。

スペイン風邪が第二次世界大戦の引き金になったと言う歴史学者もいます。ドイツに第一次大戦の多額な賠償金を課す事にアメリカ大統領ウィルソンは反対しましたが、スペイン風邪に罹患していた為に講和会議で自分の意見を貫く事が出来ませんでした。ウィルソンの意見は受け入れられず、ドイツは多額の賠償金に困窮しました。国民の不満が募り、ヒトラーのナチスが台頭しました。その様に考えると第二次世界大戦をもたらしたものは先の大戦とパンデミック（インフルエンザの流行）と言えるでしょう。

日本もウクライナと似た様な経験を1945年にしたから、日本がウクライナに肩入れするのには一理あります。麻田雅文『日ソ戦争』中公新書を参照すると

（1855年：日露和親条約により択捉《エトロフ》島と得撫《ウルップ》島の間が国境となる）
（1875年：樺太・千島交換条約によりロシアが占守《シュムシュ》島から得撫《ウルップ》島まで18島を譲渡した）
（1941年：日ソ中立条約を調印）
8月8日：日ソ不可侵条約を破りソ連は宣戦布告
8月10日：ポツダム宣言受諾を日本政府はソ連を含む各国に通告
8月14日：ポツダム宣言受諾を日本政府はソ連を含む各国に通告（2回目）
8月18日午前1時半（17日23時半という資料も）：ソ連軍が占守島を奇襲、日本軍が応戦
8月28日：ソ連軍留別《るべつ》に上陸、択捉島で日本軍武装解除、島民約360人脱出出来ず
9月1日：ソ連軍は国後島《くなしりとう》に上陸、島民約7364人の半数が脱出
9月1日：ソ連軍は斜古丹《しゃこたん》に上陸、色丹《しこたん》島、歯舞《はぼまい》群島の日本軍武装解除
9月2日：東京湾に停泊する戦艦ミズーリで日本政府、日本軍代表は降伏文書に調印
9月2日20時30分（降伏文書に調印後）：ソ連軍が歯舞《はぼまい》群島を占領

9月3日：ロシアにとっての終戦日
9月5日：ソ連が攻撃を停止

ソ連は敗戦直後の混乱に乗じた火事場泥棒でした。ソ連兵が日本の民間人に銃を突きつけ土地を奪った事実を北方領土に住むロシア人は知らないでしょう。日本は戦争を回避して交渉を進めたいがロシアは応じません。「戦争で北方領土を取り戻せ」と言った日本人議員がいたが戦争を回避する事こそ為政者の仕事であり、戦争を始める人は自分の無知にどうやって気付くでしょう。

「停戦に応じたら息子の死は無駄になってしまう」とテレビ取材されたウクライナ女性が言いました。戦争は気候変動に拍車をかけるから、地球規模で考えたら息子さんの死は無駄にならないでしょう。武力行使で戦争を始める人は低次元の人であり、停戦に至るなら戦没者は戦争を終わらせ気候変動を食い止めた英雄にならないでしょうか。

2024年8月15日の日経新聞を参照すると日中戦争中に関東軍の少年隊員だった男性(94)が中国にある部隊跡地を謝罪の為に訪れました。その部隊は細菌兵器の開発をする為、人体実験を実施したとされ、自分の行為を闇に葬らない、勇気ある行動だと思います。

慰安婦問題が日韓のしこりとなっていますが、多くの日本人女性がソ連兵に強姦された事実を韓国人は知らないと思います。要は日本人ではなく、戦争が悪いのです。

気候変動の時限が迫っていて、滝壺に向かって押し流される船の上で人類は戦争をしているのです。戦争なんかしている場合ではない、戦争を始めた政治家こそ戦場に行って死ぬべきと思う一方、プーチンだって人間だ、西側諸国が自分達の誤りに向き合うならあの人だって譲歩しないでしょうか。

ひめゆりの塔や樹木に蘭宿り

［注釈］

1　生成色：白に近いベージュ、染色していない綿花の色
2　錣：兜の後頭部にある頸の後ろを守る部分
3　ワルシャワ条約機構：冷戦時代、ソ連と東ヨーロッパ諸国で結成された軍事同盟
4　氷河が溶け出した事に端を発してパキスタンの洪水が発生した。水害の原因を作り出したのは先進国なのに戦争を続けて気候変動を加速させ、発展途上国に追い打ちをかける

五　文明

色変えぬ松の数多《あまた》や二重橋

2022年1月23日、寒風吹きすさぶ皇居二重橋、人の姿はまばらな皇居で私達は通訳ガイドの研修をしていました。幼稚園入園前でしょうか、何にでも興味を持つ年頃の男の子が私達の輪の中に入ってきました。

「かわいいね」

「親はどこにいるのかしら？」

「あの人じゃない？」

「スマホしてる」

一箇所に留まるわけにもいかず、二重橋を離れながら心配すると、男の子は一人で歩いていてどんどん父親から遠ざかっています。父親はスマホの操作に夢中で息子の様子に気付いていていません。

「子供から目を離しちゃいけないんだよねぇ」

橋から落ちたらどうなるのか？　迷子になったら？　交通事故に遭ったら？　誘拐されたら？　親に注意すると逆ギレされるかもしれないので私達は手出しをしませんでした。スマホ操作で親が子供を見ていない、よくある状況です。スマホは便利だが目の前にいる人よりスマホの向こうにいる人に気を取られる場合があります。

固定電話しかなかった頃、親は子供の友達の名前を知っていました。家庭に一つだけある電話を取り次いでいたからです。家族に聞かれたくない話は公衆電話からかけました。硬貨を沢山用意するのもたいへんで、そのうちテレホンカードなる物が登場しました。１９８０年代に登場したショルダーフォンは約３kgの重さでアタッシュケースほどの大きさ、連続通話時間は40分ほどだったそうです。それから折りたたみ式の携帯電話、今で言うガラケーが普及し始めました。スマホが普及してから「ガラケー」と呼ばれる様になったのは「ガラパゴス携帯電話」の略で進化から取り残された電話という意味があるそうです。そう言う私は２０１６年にスマホを使い始めたので遅い方だと思います。

駅前ロータリーを歩きながら硝子張りの喫茶店を見ました。連れのいない人が３人いて、

3人ともスマホをしながら食事をしていました。電車の座席に座り向かいを見ると、7人掛けの座席にいる乗客が7人ともスマホを使っていました。電子書籍を読んでいるのでしょうか？　スマホという媒体で誰かと繋《つな》がれば寂しさを感じなくてすみます。

仕事帰りの千代田線、吊り革を握っていたら隣に立っていた男性に足を踏まれました。少し待ちましたが無言だったので男性を見上げ、

「私の足を踏みましたよ」

と言いました。その男性は初めて、

「すみません」

と言いました。スマホの影響かどうかは分からないが、話さない人が増えている気がします。

松戸駅のエスカレーターを降りたら前にいた女性が引きつけを起こして倒れてしまいました。駅員を呼びに行って帰ると、その女性の意識が戻りました。

「大丈夫ですか？」

女性は起き上がり私を睨《にら》むとホームを歩いて行きました。通勤で急ぐのはお互い様、目の前で倒れる人がいても無視する方が良いのでしょうか。ありがとう、すみませんとか、何かひと言言えないのでしょうか？

武器と文明は車の両輪と言えます。卑弥呼の時代に日本へ来た大陸の難民は石の矢じりに勝る鉄をもたらしました。１５４３年種子島に漂着した中国船には鉄砲を持つポルトガル商人が乗り合わせていました。火薬や狼煙《のろし》は江戸時代に入ると軍事目的の必要性をなくし、花火の開発が進みました。

望遠鏡は子供の玩具でしたがガリレオが天体観測用に改良した後、軍事に流用されました。

その他にも文化的な生活は戦争の副産物です。大砲を運搬する為に自動車が作られ、砲撃のタイミングを計る懐中時計を革ベルトで手首に固定したのが腕時計になりました。ガスマスクのフィルターがティッシュペーパーになり、化学兵器を応用したものが抗癌剤です。第一次世界大戦後の欧州に於いて、民間へ払い下げされた軍用機は旅客機へと改造されました。レーダー開発の実験中に発見されたマイクロ波が電子レンジの始まりで、インスタントコーヒーのフリーズドライ製法は戦場で必要な輸血を運ぶ技術を応用したものです。軍事用無線機の技術を応用し携帯電話が開発され、ＧＰＳはカーナビやスマホで普及しています。スパイ衛星のカメラが応用されデジタルカメラになりました。軍事目的で開発されたドローンは物資の運搬や危険地域での空撮に使用される様になりました。

逆に福利的な発明が武器に応用されたのはダイナマイトです。トンネルの掘削《くっさく》工事の為に発明されたダイナマイトは武器に転用され、戦場の兵士達を吹き飛ばしました。

コンピューターは戦争中に開発され、電子計算機「コロッサス」は1944年、ナチスの暗号を解読するために作られました。

インターネットも軍事目的で開発されました。1969年アメリカの国防総省が4台のコンピューターを結んでARPANETというネットワークを作り、その後学術目的のコンピューターネットワークが作られました。コンピューターは小型化されていき、1990年代には会社だけでなく個人もネットワークでつながれたコンピューターを使う様になりました。蜘蛛の巣の様に、張り巡らす糸の先にパソコンがあるのでウェブサイトと呼ばれています。スマホは電話機能を持つ小型コンピューターであり、会社や個人などパソコンを持つ人は電源を入れるだけで世界中の情報を共有でき、連動した共通の情報を共有できます。パソコン画面に映るのは映画やテレビの様な動画もあります。物理的な紙を移動させるのは郵便だが、インターネットでは電子化された文字や書類を回線で瞬時に他のコンピューターへ送ります。ニュースや天気予報を見て、電車の時刻を調べ、ホテルの予約、株の売買、銀行口座取引、物を売る競売サイトもあります。テレビ電話の様なオンラインを利用する数はコロナ流行前に1千万人だったのに対し、2020年4月には3億人に膨張しました。罹患防止の手段として利用者が増え私もオンライン新年会をした経験があります。

２０２２年2月13日、床の冷たさが足に伝わるほど、冷え切って寒い姫路城を訪れました。大河ドラマの軍事考証を担当するN先生が城郭ファンの女性達に姫路城を案内して下さいました。三の丸へ来た時、氷山の様に白い五層の天守を見上げながらN先生はこんな事を言いました、重機のない時代に中世の人はこんな物を作ったから、我々現代人の方がバカなのだと。

昔は券売機で電車の切符を買ったから、交通ＩＣカードは時間短縮になります。しかしながら現金取引をしないのでおつりの計算をしなくなりました。パソコンばかり使って手書きしないと漢字を忘れます。クレジットカードの磁気が壊れ、その煩雑な処理に追われると、現金の方が便利と思う事もあります。

便利さは生活力の低下をもたらします。電子化されているとはいえ、会社によっては紙の書類を束ねて文書保存する作業もあり、新入社員によっては書類を紐で束ねる作業が出来ない、お茶の入れ方が分からない人もいます。今はペットボトルのお茶が当たり前だし、少子化で手伝いが減っているのかもしれません。私の年代は教わらなくても自然と身に付いている事を若い人に教えなくてはなりません。

「公団の管理人が三ヶ月家賃を滞納した家を訪問した。反応がないので警察に通報した。警察官がドアをこじ開けて中に入ったら白骨化した遺体が横たわっていた。検死の結果、死後三年が経過していた。家賃が自動引き落としだったため、預金が底をつくまで死が発見されなかった」（大山眞人『団地が死んでいく』平凡社新書から要約して抜粋）

昔の様に家賃を現金で納めていれば発見はもっと早かったはずです。いや、それ以前に住居を貸す人と借りる人の間に人間関係が生じたでしょう。テレビドラマ『阿佐ヶ谷アパートメント』に出てくる様なお節介な大屋さんはいなくなってしまいました。

文明は人間関係を希薄にします。発展途上国では所持品が少ないので水撒きに使うホースを近所から借りるそうです。アフリカの挨拶は長いそうだが、日本では短い挨拶すらしない人が増えています。戦後は（私はその時代に生まれていないが）テレビを見る為に他人の家にお邪魔したそうです。24時間営業のコンビニが出来てからは味噌、醤油を貸し借りする近所づきあいはなくなりました。パックの餅は蒸した米を杵《きね》でつく煩雑《はんざつ》さを解消したが、共同作業に必要な交流もなくしました。

「結《ゆい》」とは近隣同士の共同作業で、茅葺《かやぶ》き屋根の葺《ふ》き替えでは力を貸し合いました。昭和に於いては葬儀、側溝の掃除、草むしりなども結《ゆい》の名残であったと思われます。隣の人は何する人ぞ、雑用を頼める近所づきあいが（親戚付き合いさえ？）なくなった為に便利屋または引越屋という商売が登場しました。介護という仕事から解放された嫁は仕事、子育て、自分の交流関係に専念出来るから「しがらみ」がビジネス化されて良い面もあります。しかし、仕事の為に家族を顧みない親を持つ少女達は昔援助交際と言われたパパ活で代理の愛情を得ようとします。話を聞いてくれる友達のいない人はお金を払ってカウンセラーに会い（友達は沢山いても軽い話しか出来ない人が多いのではないか）、メイド喫茶やホストクラブへ行けばお金で恋愛を買える、長屋の様な近所づきあいが欲しい人はシェアハウスに入居する、文明が発達した地域に於いては人間関係がビジネスになります[1]。

冷蔵庫が普及する以前（私が生まれた時に電気冷蔵庫は普及していた）の人は、食べ物が傷んでないか五感で確認しながら生活しました。そしてその様な生活に於いて人間の免疫システムは現代より機能していたでしょう。アレルギーの原因は諸説あるが一つに先進国の人は蛔虫《かいちゅう》を体内に有していない事、更に衛生的になり過ぎて抗体が失業状態にあるからといわれます。

銭貨が流通するほど古代の経済は発展していなかった為に食品などの品物が税金の代償となりました。冷蔵技術がなかった為に鰹節や発酵食品などの保存食が考え出されました。

醤油がなければ別の調理方法を考える、物がなければ工夫を凝らす、調味料を借りに行けば人間関係が生じる、発展途上では足りる事を知る謙虚さ、不便に耐える力が備わるでしょう。ストーカー、あおり運転など発展途上ではなかった犯罪が文明の発達に伴い出現する様になります。肥満や生活習慣病など、先進国では運動不足がもたらす健康被害やアレルギーが問題となります。依存症を含む精神疾患も先進国病と言えるでしょう。昔は兄弟が子供部屋を共同で使ったから物理的に引きこもりになりませんでした。

2023年5月1日、コロンビアの熱帯雨林に小型飛行機が墜落しました。大人3人は死亡したが4人の兄弟姉妹（13歳の長女、9歳、4歳、1歳）はジャングルの中を40日生き延びました。世界が驚いた奇跡のニュースはアマゾンの先住民族ウィトト人にとっては当然の事だったかもしれません。ウィトト人は十歳になると親離れして生きていけるといいます。食べてはいけない果物を把握しているし、赤ちゃんの世話も出来る、魚を獲る弓矢も作れる、家も簡単に建ててしまう…未開人などとんでもない、文明人の方こそ劣っていると言えないでしょうか。

マッチがなくても火を熾《おこ》せる縄文人と現代人、どちらが優れているのでしょう。誰だって便利で豊かな生活をしたいが、文明は人間力を弱らせます。その便利で豊かな生活により頭を使わなくなり、人間関係が希薄になる、体を壊す、人が亡くなる、自動車が普及していない時代に交通事故は少なかったはずです。文明は便利で豊か、衛生的で快適であり、効率が良く生産性が高い、しかしその追い求めた文明に人間が翻弄《ほんろう》される様になります。そして文明の最たる物が環境破壊と戦争です。

文明に抗《あらが》い、妊婦に薪割りなどの古屋労働を勧めた産院がありました。文明によって失った物を思い起こすから『おしん』は海外でもヒットしたのではないでしょうか。『三丁目の夕日』という映画を見た人は昔の近所づきあいを懐かしく思ったでしょう。経済発展を選ばなかったブータン〔2〕の様な国もあります。経済力で日本を追い抜くアジア諸国は文明の代償として失ったものに気付く事が将来あるかもしれません。そして文明が行き詰まる現代は新たな文明を模索する時代でもあります。

［注釈］

1　幸福度ランキング上位にＧＤＰの高い国がない事から分かる様に物質主義は幸福をもたらさなかった（次ページ表参照）

2　ブータン政府は国民総幸福量（ＧＮＨ）という指標を重視する

世界幸福度ランキング 2024 と GDP ランキング

世界幸福度		GDP
フィンランド	1	アメリカ
デンマーク	2	中国
アイスランド	3	ドイツ
スウェーデン	4	日本
イスラエル	5	インド
オランダ	6	イギリス
ノルウェー	7	フランス
ルクセンブルク	8	ブラジル
スイス	9	イタリア
オーストラリア	10	カナダ
ニュージーランド	11	ロシア
コスタリカ	12	メキシコ
クウェート	13	オーストラリア
オーストリア	14	韓国
カナダ	15	スペイン
ベルギー	16	インドネシア
アイルランド	17	オランダ
チェコ	18	トルコ
リトアニア	19	サウジアラビア
イギリス	20	スイス

出典：国際通貨基金 International Monetary Fund GDP, current prices Billions of U.S.$ Sustainable Japan

六　白人中心主義

日本在住のイギリス人女性がコンタクトレンズを買いたいと言うので眼科へ付き添った経験があります。

「アメリカからですか？」

検査機で彼女の青い瞳を覗きこみながら、白衣を着た男性の眼科医が日本語で言いました。

「いいえ、イギリス人です」

と私が答えました。必要な通訳が終わると彼女は次の様な事を言っていました、私の目は小さいからイギリスより日本のコンタクトレンズが合っていると。人種の違いで、コンタクトレンズの大きさに違いがあると知りました。

戦国時代の日本人は目と鼻が大きいヨーロッパ人を天狗の様と形容したらしい。江戸時代の美人画を見ると、目が細い鷲鼻の女性が描かれており、明治時代以降、美の基準が変った事に気付きます。

20代前半の時にマンハッタンを旅行しました。朝食にセルフサービスの店を見つけて入り、ブリックパックの牛乳を飲んだら腐っていました。日付を見ると賞味期限が切れている、私はレジに牛乳を持っていき、

「この牛乳腐っています」

と言いました。レジをしていた女性は、

「他の牛乳を取って下さい」

と言いました。別の牛乳を取ると、これまた賞味期限切れで私は再びレジへ牛乳を持っていきました。そのレジ係は私を責める口調で言いました。

「賞味期限が切れていない牛乳を探して取って下さい」

賞味期限切れの商品を陳列する方が悪いと思いました。安い店に入った私も悪いが人種差別もあったと思います。その店員はアジア人の顔をしている私を馬鹿にしたのかもしれません。

映画『ティファニーで朝食を』を見るとヒロインが歩きながら朝食を食べる場面があります。畳の上に正座をして卓袱台《ちゃぶだい》で食事をしていた日本人は食べ歩きするのがカッコイイという刷り込みまで輸入しました。アメリカ資本のファストフードは世界中に食べ歩きを教えたのみならず、その結果として世界中にマイクロプラスチックをばらまく要因となりました[1]。

昔の日本人は草鞋を履いて、又は裸足で暮らしていました。明治以降は西洋人の真似をして靴を履く様になりました。靴を履くと足指を動かす運動が出来ない為に足の筋肉が発達せず、扁平足の要因にもなります。アスファルト上を下駄や裸足で歩くのは健康上良くないとされますが、裸足や草鞋で生活するのは野蛮ではありません。

２０２２年12月時点で日本は２１７９人のウクライナ避難民を受け入れ１６０８人に生活支援をしました。難民受け入れ認定率１％以下に留まる日本はロヒンギャや東南アジア人に対して同じ待遇をするでしょうか。ウクライナ戦争が勃発したのは２０２２年２月24日で、その同じ年の９月にパキスタンでは国土の３分の１が浸水する水害が発生しました。パキスタンはニュースにならず、ウクライナばかり報道されます。アメリカに尻尾《しっぽ》を振っている理由もありますが白人コンプレックスもあると思います。白人の方が他の人種より優れているという刷り込みにどうして日本は毒されているのでしょう。

大航海時代、アフリカへ渡った白人はアフリカの部族同士に争いをさせました。そして負けた部族は奴隷船に鮨《すし》詰めにされてアメリカ大陸へ運ばれました。アフリカ大陸に国境を設けた事が現在の内戦の起源であり、植民地という犠牲の上に成り立つ豊かさを欧米諸国は享受しています。反感を買わない様に弱者から搾取するのは白人の手段でしょうか。

中世に於いて、軍事力では欧米の方が優れていましたが、識字率では日本の方が勝っていました。聖画は読み書き出来ないヨーロッパ庶民に神学を理解させる為に必要で、イギリスの識字率は1から2割、フランスは4割、対して8割の庶民が寺子屋に通っていた日本で江戸市内の平仮名の識字率は100%に近かったといいます。洒落が好きだった江戸の庶民は言葉遊びが出来るほど、言語の扱いが堪能であったという事になるし、庶民が和歌や俳句を作り、和算が流行しました。江戸時代260年の間に約7万の本が出版されました。レンタル産業とリサイクルが普及していた江戸時代はSDGsを先取りしたエコ社会でした。落ちている紙をリサイクルの為に拾い集める職業もありました。

詰まるところは武力に於いて西洋の方が優れていたのだと思います。武器(文明)が発達する地理的条件が揃っていたというだけで、アングロサクソンが他の人種に優っているわけではありません。明治政府とGHQは日本人のアイデンティティーを捨てさせて日本人を欧米文化に洗脳しました。武士の魂である刀を捨て(廃刀令)髷《まげ》を切り、靴を履く事が良しとされました。

小国を滅ぼし、琉球を統一した尚巴志《しょうはし》も、やがて島津藩に侵攻され統治されました。飛鳥時代から倭人は蝦夷《えみし》や隼人《はやと》、琉球王国、奄美人など他民族の制圧をしてきました。しかしその日本も第二次世界大戦で敗れました。詰まるところ、広い国土を持ち、人口の多い民族にはかなわないという事になります。

鹿鳴館を建て憲法を発布しても不平等条約を解消してくれない、西欧と同じ様に日本も植民地を作らないと発展途上として扱われる、泥棒にも三分の理、日本も欧米の真似をして植民地支配が必要と考えた為政者達がいました。アジア侵略の種まきをしたのは欧米諸国ではないでしょうか。

日本はアメリカと戦争をして負けたから、戦勝国が正しいとねじ伏せられてしまいました。しかし本当にそうでしょうか。日本がアジア諸国を侵略した事実とその方法は間違っていました。大航海時代、欧州各国は競ってアジア、アフリカの植民地を獲得していきました。欧米諸国も日本も同じ事をしていたのに日本だけが突き上げられるのは白人の優越感と狡猾《こうかつ》さがあると思います。それに加え、時間の経過があるでしょう。ラテンアメリカでは大勢の先住民が殺害されたが、被害者が生きていないので問題として取沙汰されません。

窓から糞尿を捨てる習慣がパリでは1290年に禁止されるまで、英国のエディンバラでは18世紀末まで見られたそうです。日本では縄文遺跡にトイレだったと推定される谷があり[2]、藤原京からもトイレと推定される遺構が発見されています。江戸時代には百万都市から農村へ下肥《しもごえ》が運搬され、郊外で生産された農産物が都市へ運ばれる流通経路が出来ていました。

幕末、日本へ来た外国人は花を育てる庶民の文化水準の高さに驚きました。教育面でも衛生面でも優れた国を開港させるため、発砲を禁止された提督ペリーは悩み抜き、軍艦で威嚇するという手段をとりました。

2021年3月、名古屋市にある入館施設で33歳のスリランカ人女性が亡くなりました。体調不良を訴えたにも関わらず適切な治療が施されませんでした。収監された人が白人であったら同じ待遇をしたでしょうか。白人に対して劣等感を、発展途上や肌の黒い人に対して優越感を日本人は潜在意識の中に持っていないでしょうか。

信念がない日本人（白洲次郎[3]の口癖）は欧米人の悪い習慣をコピーペーストしただけでなく、欧米人の自由主義を履き違えたと渋谷のハロウィーンを見て思います。

みちのくの夕日に蜻蛉《とんぼ》群がりぬ

会津を旅する人は町の至る所で藩校日新館の指針となった「あいづっこ宣言」を見ます。武士道を彷彿《ほうふつ》させる「什《じゅう》の掟《おきて》」を読むと少年達の声が聞こえてくるようです。

一、年長者《としうへのひと》の言ふことに背いてはなりませぬ
二、年長者にはお辞儀をしなければなりませぬ
三、嘘《うそ》言を言ふことはなりませぬ
四、卑怯《ひきょう》な振舞をしてはなりませぬ
五、弱い者をいぢめてはなりませぬ
六、戸外で物を食べてはなりませぬ
七、戸外で婦人《をんな》と言葉を交へてはなりませぬ
ならぬことはならぬものです

〔注釈〕

1　『ティファニーで朝食を』は1961年に日本で上映された。1971年日本初のハンバーガーチェーン店が銀座で開店した

2　日本のトイレの歴史は古く、青森県三内丸山遺跡の北部にある谷はトイレとして使われたと推定されるが、飛鳥時代の庶民はトイレを使用しなかった。様々な遺構から中世前期までに都市部のトイレが成立していたと考えられる

3　白洲次郎は「従順ならざる日本人」と言われ、連合国軍占領下の日本で吉田茂の側近として活動した

七　仏事

ゴーダマ・シッダルタは現在のインド、ネパール国境付近にあったシャカ族の王子だったとされます。目に見える物を作ると執着してしまうから、仏陀は自分が偶像となり崇拝の対象になる事を禁じました。

ブッダの像を作るべきではないから間接表現として、「仏足石《ぶっそくせき》」を作る様になりました。仏足石とは仏の足形を掘った石のレリーフでスリランカに多くみられます。

仏教はガンダーラ美術、ペルシャ文化、ギリシャ文化と融合しました。仏陀の意思に反して作られた仏像はシルクロードを通り、仏教と仏像が日本へもたらされました。帝釈天《たいしゃくてん》、毘沙門天《びしゃもんてん》や鬼子母神《きしぼじん》などは古代インドの神々が仏教に帰依《きえ》した姿といわれます。

仏舎利《ぶっしゃり》（仏陀の遺骨）を納める為に建立されたのが五重塔や三重塔とされています。しかし仏陀一人の骨量に限界があるので仏舎利と見做される宝石や経典が塔の最上部にある相輪《そうりん》に納められているそうです。

「ストゥーパ」とはサンスクリット語で仏舎利塔を意味して、その中国語が「卒塔婆」、それが日本では墓石の脇に立っている「お塔婆《とうば》」となりました。お塔婆は簡略化された仏舎利塔という事になります。

日本書紀によると日本に仏教が伝来したのは６世紀の飛鳥時代とされます。釈迦は死後の世界について説いた訳ではなく、仏事は日本人が生み出した文化の様にも思われます。

南無阿弥陀仏と唱えると往生できる、三途の川を渡り、極楽浄土へ行ける、死後の世界はこうあってほしいという日本人の願いが仏陀の教えを塗り変えた様に思われます。般若心経は生き方を説いたものであるから、それを葬儀の場で故人に話しかけるのも矛盾しています。

島原の乱は宗教の反乱と思われていますが、過重な年貢に対する反抗という方が正確かもしれません。約３千人が島原城に籠城《ろうじょう》して、そのうちキリシタンは３割ほどでした。藩主が自分の責任を回避する為に、宗教の反乱として幕府に報告したと言われています。キリシタンを増やせば日本を征服出来ると当時のスペイン王は思ったらしく、自分達が利用されている事を知らない日本のキリシタンは踏絵を拒み、拷問を受け、処刑されました。

キリシタンを滅却する為に幕府が設けたのが寺請《てらうけ》制度でした。寺子屋という教育機関だけでなく冠婚葬祭など、寺は庶民の生活全てを取り仕切りました。明治維新後も檀家制度や仏式の葬儀だけが習慣として残り、習慣化された仏事の意味を考える日本人は少ない様に思われます。

母方の親戚がいる新潟に菩提寺があると聞くが行った事はありません。と言うのは父方の親族が真○苑という新興宗教に入っている為、子供だった私達もその真○苑に行かされました。結局その真○苑とやらに行かなくなり、現在は何処にも所属していません。数年前に母方の祖父母がいる八柱霊園へ行きましたが法事も何もしていません。

しかし仏事を全くしないのではなく、どなたかのお家にお邪魔した際に線香はあげます。私にとってそれは亡くなった方に対する挨拶ではなく、それが遺族に対する礼儀だと思うから。

ペットを飼って、仏事というのは生きている人の為にあると思い始めました。小鳥の寿命は10年ほど、子供時代から数えると十数回の動物の死に直面してきました。

ペットの鳥が死んだらゴミとして捨てられないから火葬にする、しかしスーパーで買う鶏肉の骨はゴミとして捨てます。知らない人が死んでも悲しくない、亡くなった人に好感を持つから何かしたいと生きている人は思う、死体が発見されれば事件だが、2千年前の人骨が見つかれば考古学の資料として扱われます。

ペットが死んで火葬にしたら動物の法事に関する勧誘を受けました。生きている間、動物を大事にするべきであり、死んでから大切にしても仕方ない、そういう考えから私はペットの法事はした事がありません。

檀家制度はなくなりつつあり、墓仕舞いする人もいます。海外転勤で墓参りが難しく、墓地の雑草取りを有償で便利屋に依頼する人もいます。墓地管理費が発生しない様に樹木葬や散骨を選ぶ人も増えてきました。

とある知り合いのN氏は地方大名の子孫で、あるとき武田信玄の子孫との会合が仕事帰りにあると言っていました。

「7百年も昔の事で、どうしてその子孫達が煩わされなくてはいけない？」

と言うとN氏は、

「俺もそう思う」

と言いました。

祖父母なら会った経験があります。しかし3百年前の先祖に会った事はありません。会った事がなければ親近感もわかないでしょう。

逆に自分が先祖になってお墓の事を考えてみます。百年、2百年後の子孫達が自分の事で労力やお金を取られるとしたら気の毒だと私は思います。死んだ人より生きている人を優先するべきで、土地は生きている人に使って欲しいと思います。生きている人が亡くなった人に拘束されるのは良くないでしょう。

世論調査では安倍元首相の国葬に反対する人は51％で34％の賛成派を17％上回りました。2022年9月27日、自民党は反対を押し切って（仏式ではなかったが）安倍元首相の国葬を実行しました。安倍元首相を守り切れなかった自分達の不甲斐なさに対して埋め合わせをしたのでしょうか。国葬にする事で自分達を慰めていたのかもしれません。

私は仏事を否定するのではありません。墓前で手を合わせる人が両親や祖父母を思い出し前向きになれるなら、それはラグビーのルーティンの様に良い習慣だと思います。

玲瓏《れいろう》なる音色に舞ふ火お水取り[1]

［注釈］

1　お水取り：1270年続く東大寺の儀式

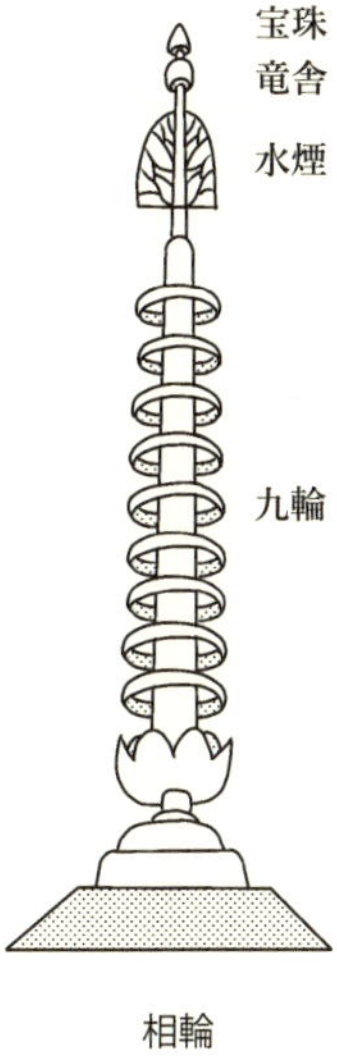

相輪

八　神道

白南風《しろはえ》の通る千本鳥居かな

注連縄《しめなわ》で結ばれた夫婦岩《めおといわ》や糸垂《しで》のあるご神木を見た事があるでしょう。何百年何千年と人間の歴史を見守ってきた樹木や石に対して日本人は霊威を感じるのでしょう。神道は自然発生的な土着文化という点に於いてヒンズー教に似ていますが、活用されている経典がないから宗教ではないという人もいます。

活用されている経典がある事、戒律があり定期的に人が集う事、お金、時間、労働力が提供される事、もしそれらが宗教の定義なら神道は宗教というより文化に近いでしょう。

日本人は森羅万象に神聖を見いだしてきて、霊威を感じる対象は自然だけではなく人間が崇拝の対象になる事もあります。例えば落雷を菅原道真の怨霊《おんりょう》と受け止めた人が鎮魂の為に太宰府天満宮を建立させました。

学問の神、菅原道真が祀《まつ》られる○○天神には毎年20万人以上の参拝者がいて、その中には志望校に合格出来ない参拝者もいるはずです。それなのに不合格は問題にならず、毎年20万人以上の参拝者が押しかけ続ける、藁《わら》にもすがる気持ちはあるでしょうが、それは崇拝というより参拝者が自身の行為に意義を見いだしている事例でしょう。日本人にとって神社参拝は宗教行事というよりエンターテインメントなのです。

明治から昭和にかけて、乗客を増やす為に鉄道会社が初詣の習慣を広めました。初詣の行き先は神社だけでなく仏教寺院の場合もあります。初詣は参拝者の行為に意義を見いだす正月行事の様に思われます。

２０１９年にラグビーワールドカップが日本で開催された際には丸の内にラグビー神社が建立されました。参拝者は日本の勝利を祈願したのだと思います。歴史や自然がない場所にも神社を作ってしまう日本人にとって、崇拝の対象より参拝するという自身の行為に意味があるのでしょう。御朱印帳はその例です。

七五三は平安時代に貴族社会から始まりました。子供の死亡率が高かったため、三歳、五歳、七歳という節目に達した子供の成長を祝い、庶民にもその習慣が広まりました。江戸時代の赤ちゃんは丸坊主、「髪置《かみおき》」といって3歳になると髪を伸ばし始めました。5歳になった男の子は「袴着《はかまぎ》」といって袴を着けました。これはもともと公家の男の子がした行事でしたが、江戸時代に武家や庶民に広がりました。7歳になると「帯解《おびとき》」といって大人と同じ幅広の帯を結び始めました。

そういう自分はどうかというと私は御利益を信じていません。熊手や酉の市が季語だから、某神社へ行くのは俳句を作る為です。旅行の連れが神社へ行く時は私も一緒に行き、人の家に上がって挨拶しないのも失礼だから一応お参りはします。世界遺産や著名な神社へ行きたいと思いますが神社巡りの旅行はしません。

行きたい時に行けてお賽銭《さいせん》の額も決まっていない、宮司《ぐうじ》にとって参拝者はありがたい存在でしょう。町中の小さな神社で手を合わせる人を見ると「この人は家の中で一人になる時間がないのかもしれない」など勝手に想像します。

神社へ行く事で前向きになれるならそれは良い習慣だと思います。

鈴緒振る男《を》の子ラグビー神社かな

九　宗教

鉄塔は森から森へ雲の峰

郊外の集合住宅9階に住んでいた時、時折ベランダから外を眺めました。階下に閑静な住宅街が拡がり、住宅街の先に森、森の先には丹沢と秩父の山があり、西に富士山を眺望しました。ベランダに立って森を見る時は昔通っていたプロテスタント教会を思い出して魔女狩りから逃げてきた感覚に襲われました。

日曜日の午前中に礼拝が2回あり、昼食をはさんで、午後に会議があり、スケジュール帳を見ながら部屋を移動する人もいました。私は参加しませんでしたが、運動会までありました。教会は忙しい所です。日曜日に疲れて月曜日から元気に働く事が出来るでしょうか。

信者が勤務先へ行ってどんな働き方をしているか、仕事が出来る人か、牧師は考えた事もないでしょう。牧師には社会が見えていないから、そんな事より自分の思い通りに動く教会オタクが欲しいのです。

人を集めて色んな活動をさせれば、自分のビジネスが成功した気分になり、牧師は悦に入ります。牧師が信者を煽《あお》れば煽るほど世の中が見えなくなり、教会の人達は一生懸命働いているのに、社会の益になる事をしていません。森の中にいる人には森の全体像が見えないから、それに気付かないのです。宗教団体に入ると社会の全体像が見えなくなります。

宗教活動に時間を取られるので社会音痴になり、教会オタクは同調圧力もあり自分達の間違いに気付かないのでしょう。

宗教は信者を増やす事を目的としているので行けばどんな人でも歓迎します。そもそも教会へ行く人がいなければ牧師は失業します。近所づきあいのない都市部に於いて宗教は心地よい場所でしょう。社会に居場所のない人は宗教団体に集い、寂しい思いをしなくてすむ、つまり宗教に居場所を見つけた事になります。信者を獲得したらその人は宗教の中で評価されます。信者が増えたら聖職者は自分のビジネスが成功したと思い悦に入ります。往々にして、社会に活躍の場を見いだせない人は宗教界で自己実現していると思います。

宗教という物差ししか持たない人は熱心な信者か、駄目な信者か、それでしか人を評価出来なくなり、教会に行かない信者は悪い信者の刻印を押されます。

そもそも宗教法人は納税しないし、宗教を生業《なりわい》にする人も納税しません。働いて税金を払うとは社会に参加する事であり、納税しない宗教家は人を更正する事により社会に参加しますが、殆どの場合はそれに気付いていません。何故かというと、社会で生きられない人が牧師になるからです。

オ〇ム真理教に入信する経緯は、私が育った家庭の様に親が親の役割を果たしていない場合もあるでしょう。家庭に居場所のない子供達は夜の歌舞伎町をウロつくか、暴走族に入るか、宗教団体に入る様になります。自分が受け入れられ、評価され、活躍出来る場所を探しているからです。

宗教はプラスにもマイナスにも働きます。田中正造、新渡戸稲造など、社会に貢献したクリスチャンは過去にいました。しかし実際にはマイナスに働く事例の方が多いのは教会が精神疾患の病巣になっている事で分かるでしょう。信仰を持つとは自分を内省する時間を持つ事でもあるので、宗教に大人びた人が多いのも事実です。牧師はイエスマンだけを揃え、自分に不利な意見には耳を貸さないので宗教がマイナスに働く事例に気付こうとしません。

人を更生する意識がなく、「信仰が足りない」「悪霊が取り憑いている」のいずれかで片付けてしまい、短絡的な牧師はそれ以上深く考えません。牧師という人が自分の問題に取り組んでいないので人の問題を理解出来ないのです。

奉仕を沢山する信者は牧師から認められます。一般信者が牧師になる事は国会議員を輩出するのと同じくらい誇らしげな事であり、海外に宣教師を送るのは企業の海外進出と同じく、教会ビジネスが成功した事になります。神の為に人生を投げ出す熱い信仰は、特攻隊員の玉砕と同様に誉れある事で、自分の望む人生が送れなくても天国があるから大丈夫という精神論は、靖国で会おうという特攻隊員と同じです。教会内で出世する事で良い信者の栄誉賞を貰い、教会の間違いを指摘する人は信仰の足りない人とレッテル貼りされます。信者の勤めを熱心にしている限り、魔女扱いされないが、王様は裸だと言えば魔女裁判にかけられます。

宗教には戒律があります。毎週教会へ行き、献金をする、聖書を読み、信徒の勤めを果たす事を求められます。律法の為に人があるのではなく、人の為に律法があるという聖書の言葉は教会オタクの耳に入らず、自分達が作り上げた戒律で魔女狩りを続けます。宗教の為に人間が存在するのであれば本末転倒、この世に生を受けたのだから社会的責任を果たして、人生を謳歌するべきで、生きていく為に信仰が必要なのです。

統〇教会問題は宗教による虐待を浮き彫りにしました。旧統〇教会被害者救済法の施行に伴い、統〇教会の内情を取り上げるマスメディアが増えました。プロテスタント教会に於いても親が子供を宗教で虐待する事例を私は見てきました。

信仰を強要する事、人生の選択の自由を奪う事、お金、時間、労力を宗教に注ぎ社会性がなくなる点に於いて宗教は依存症だと思います。ガリレオは地動説を唱えて有罪判決を受けました。聖書になくても、世の中を観察して自分達で判断する事は沢山あります。

狭い視野で広い世界を見る事は出来ず、短い物差しを持つ人にとって世界は狭くなります。小さい器に沢山の水は入りません。教会オタクは教会という物差しでしか社会を見られない、「分かる人には分かる様に、分からない人には分からなくなる様に話された」と聖書に書いてあるのはそういう事なのです。木を見て森を見ず、宗教は社会的引きこもり集団と言えるかもしれません。

悔い改めが一番必要なのは未信者を改宗させようとして躍起になっている教会オタクなのですが、多くの牧師は主義・信条の間違いを認めようとしません。宗教の間違いを認める事は自分の人生を否定する事であり、教科書に墨を塗る挫折感を味わいたくないのです。

教会オタクは戒律を守るという自身の行為に満足しているのでしょう。「ユダヤ人にはユダヤ人のように、ギリシャ人にはギリシャ人のように」と聖書に書かれているから、戒律に囚われるクリスチャンは自分の宗教の殻に閉ざされているのです。

ユダヤ教、キリスト教、イスラム教、仏教、ジャイナ教、シーク教、様々な宗教が存在して更に宗派に分かれます。

プラスの数はどこまで存在するのか？　マイナスの数はどこまであるのか？　高い温度はどこまであるのか？　原子より小さい世界はあるのか？　宇宙の外に何があるのか？　何かが存在する事は確かであり、ゼロに近い世界で生きている人間に分かる事は僅かです。神は存在するが、人間の解釈が間違っていると言えます。

「狭き門より入れ。滅びに至る門は大きくその道は広い」と聖書に書いてあるのは自分の間違いに気付くのは難しいという事です。

十　親友

若さという平等に与えられた貯金を使いながら、エスカレーターを昇っていく。過去は過ぎ去り、階下の景色は小さくなる。上へ上へと昇っていき、最上階が見えてくる。

出会った時、私達は21歳でした。これを書いている現在、私は49歳で皺や白髪のある中年女になりました。

誰にでも若き日のあり蓮華草《れんげさう》

10日ほど前、夢を見ました。私達は寮の同じ部屋で楽しく話していました。その後、私は「教会が貴女を殺したのだ」と言い、泣いて目を覚ましました。4日前には貴女のお母さんと話している夢を見ました。会った事はないが手紙をくれた人です。

帰国してまもなく、貴女のお母さんから手紙を貰い、貴女が自ら命を絶った事を知りました。「娘はあなたが一番の親友だと話していました」私は貴女を親友として認識していなかったので心外でした。そして何か感謝される事があったのか考えてみました。思い当たる事は、貴女が何に悩んでいたか、どうして退学したかを打ち明けた時、批判しないで話を聞いた事が嬉しかったのでしょう。貴女を助けられなかったから、私は貴女の親友だと思っていません。今からでも親友になれるならなりたい、その思いから筆を執る事にしました。貴女の死を無駄にしたくないのです。

最近、貴女の事をよく考えます。アサバスカという町から来ていた事、お父さんが歯医者さんだった事、弟妹がいた事、ホットピンクのやりとりで笑った事、一緒に学食へ行った事、私の誕生日を祝ってくれた事、貴女が私をギリシャ料理に連れていった事、貴女が退学した事、文通を続けた事、当時は先が長く感じられたけれど28年はとても短かった、長生きしても一生は短く感じるでしょう。

心が折れそうな時、何の為に頑張って良いか分からない時、私は貴女の分まで生きようと思います。貴女の死を無駄にしてはいけないと言い聞かせています。まだまだやる仕事があるのです。そして年を重ねるごとに、貴女の死の意味が大きくなってきました。

一生を一日に例えるなら若い人は日の出しか見ていません。年を取ると午後の日差しや夕焼けを見るようになります。日が沈むと星や月に思いをはせる様になります。若さを失い見える物があります。年を取るのは良い事です。

若い時は悩む事が多く、時間が解決する事の方が多いかもしれません。問題に気づき、問題に取り組む時間があった、長い時間生きたとはそういう事です。年を取らないと分からない事は沢山あります。年を取るのは良いことです。

長い年数生きたという事は情報を取り入れる時間が沢山あったという事です。情報を沢山持っている人は視野の広い人です。年を取るのは良い事です。

若い時には硬貨の表しか見ませんが、私は硬貨の裏、つまり教会の間違いを見る様になりました。私達を不幸にしていた物がキリスト教そのものであるという事にも気付きました。

私にはクリスチャンという人達が、自分は正しいと信じて疑う余地のないパリサイ人の様に思われます。自分は正しいと思い込んでいる人ほど怖い者はありません。自分は間違っているのではないか、そう思う人の方が上手《うわて》なのです。自分の主義、信条は間違っていないだろうか？　そう思う時に初めて井戸を出て大海を泳ぐ事が出来るのです。

自分は間違っているのではないか？　ひょっとしたら自分は井の中の蛙ではないか？　そう認識する時に初めてバカの壁を突き破り大海へ出られるのです（解剖学者のＹＴ氏が

2003年に著した『バカの壁』は450万部を記録するベストセラーになりました)。

物を複眼視出来ない単純思考の人は白か黒、「1」か「ゼロ」といった考えをします。しかし実際には白に近いグレーも、黒に近い灰色も存在しており、「1」と「ゼロ」の間には限りない数が存在します。単純思考の人は物事の一部分しか見ていないと言えるでしょう。他の宗教は間違っていると信じきる人達に全ての中にキリストがおられるという聖書の言葉は響かないのです。

第3部　地球という船

一　火の島

前線の鎖動かぬ男梅雨《をとこづゆ》［1］

1万4千［2］の島々から成り立つ日本の国土は、北部は亜寒帯に、南部は熱帯に属します。北端から南端の島まで約3千キロ《キロ》あり、大小の島から成り立つ国土はカリフォルニア州とほぼ同じ広さです。約7割は森林である国土に1億2千万の人口があるので山岳地域に住む人も少なからずいて、それらの人々は土砂崩れの災害を受けやすいのです。

日本では春と夏の間に雨期があります。太平洋の高気圧が強くなり北上すると、春に日本列島を覆っていたユーラシア大陸の気圧と衝突してせめぎ合いが始まります。気圧の間に前線が発生して雨を降らせます。雨期の長さは約1カ月、南にある熱帯の島は5月から雨期に入り6月には雨期が終わります。停滞前線が日本列島に沿って北上し、南から梅雨が明け、東北部で雨期が終わると日本列島全体が太平洋の高気圧に覆われ、夏本番となります。

海水温が上昇して大気中の水蒸気が増える事は気候変動の影響といわれています。数年前から雨期に洪水が起きる様になりました。

２階の屋根が泥水に浸かり、橋が濁流に押し流され、ヘリコプターが被災者を救出する様子をニュースで見るのは痛ましい事です。浸水した家庭では水が引いた後、生活の再建をしなくてはなりません。泥水に浸かった家具や電化製品は使い物とはならず、それらの災害ごみを積んだトラックは集積所に列を作ります。スコップで泥を掻き出し、床をはがして水洗いして消毒します。災害救助にあたる自衛隊の数が足りない為に日本ではそれらの仕事をボランティアに頼っています。住居を失った人達は避難生活を余儀なくされます。

彦星も嘆く洪水温暖化

生活の再建にお金は必要です。災害が起きる度にする募金は、恒例行事の様に発生する災害の応急処置に過ぎず根本的な気温上昇は進行しています。２０２３年7月グテーレス国連事務総長は「温暖化は終わり地球沸騰の時代が来た」と宣言しました。２０２３年の酷暑は観光客を減らし、作物の収穫を減らしました。秋刀魚の餌となる動物プランクトンは北上して生息数を減らしている為に漁獲高も激減しています。コーヒーやチョコレート、鮭、ウニ、オレンジ、オリーブオイル等は高温や干ばつにより生産性が下がり、稀少で高価になると言われます。気候変動で食べ物がないのは人間だけではなく、冬眠しないで餌を探し続ける野生の熊は空腹で攻撃的になります。熱帯トコジラミ、デング熱など日本に今までなかった感染症や害虫に脅かされます。

日本の四季はなくなってしまいました。夏が長くなり、まばたきの様に短い秋が終わると冬が始まります。

竜田姫《たつたひめ》[3] またたきて木々色づきぬ

融解された永久凍土は太古のウイルスを放出して人類は新たなパンデミックと直面し始めています。２０２０年11月29日のダイヤモンドオンラインを参照すると、ロシアで融解した永久凍土から炭疽菌《たんそ》に感染した住民70人以上が入院しました。

「観測史上初めて」という言葉を頻繁に耳にするようになりました。日本だけではなく世界中で異常気象が連発しています。昔は「熱中症」「線状降水帯」という言葉を耳にしなかったし、私が子供の頃に経験した「台風一過」はもうありません。地球は発熱して病気の症状を訴えています。

環境対策の為に何をしたら良いのでしょうか。研究開発費、自転車道の整備など何事にもお金は必要です。2023年2月15日の日経オンラインを参照すると世界の軍事費は2・6％増、約260兆円になりました（世界の20億人が紛争の影響を受けて生活しています）。ロシアのウクライナ侵攻や中国の覇権主義的な動きによって、世界の軍事費は再び膨張し始めています。世界中の人が争いを止めたら気候変動は解決されると思うがどうしてそうならないのでしょう。

環境問題はお尻に火のついた問題ですが関心を持つ人は少ないのが現状です。地球沸騰化を認めるが臭いものに蓋をするのかもしれません。しかしながら南極の溶解が進行すれば日本の国土も減少して東京を含む大都市も水没するでしょう[4]。先人達が破壊した地球に生を受けたのは借金を背負って生まれてきたのと同じ、スウェーデンの女性環境活動家が怒るのは当然です。若い世代は気候変動の為に天寿を全うするのは無理かもしれません。地球を滅茶苦茶にして放り出すのかと、環境を考えない年配者に向かって言いたいのです。

世界各国がツバル諸島を気にかけない理由は人口の少ない国（約1万1千人）だからでしょ

うか。環境問題に無関心な人はツバルの人を難民として受け入れる覚悟が出来ているでしょうか。ツバルの人にあなたの住まいの一部を提供出来るでしょうか。彼らが日本語を覚え、日本で仕事を探す助けが出来るでしょうか。生まれ育った国が水没して外国へ移住して外国語を覚えて「いち」からスタートしなくてはいけないという逆の立場を考えた事はあるでしょうか。小さな国は滅んでも仕方ないと思うのであれば、薩摩藩が琉球王国を侵略したのと同じではないでしょうか[5]。

気温上昇による火事が森林を減少させる、干ばつが砂漠を拡大させる、砂漠化するともとの農地には戻れないという負の連鎖が始まっています（世界では年間、日本の国土面積より広い1億ヘクタールの土地が砂漠化している）。CO_2排出量が少ない暮らしをしている発展途上国では気候難民が出ています。CO_2排出量が少ない生活をするにも関わらず気候変動の犠牲者になる人達を「気候弱者」と呼ぶのであれば、排出量が多い国を「環境侵略者」と呼ぶべきでしょう。日本はロシアとイスラエルを批判する事は出来ません、難民を出しているという点に於いて日本も同じ事をしているからです。環境侵略者は人口が多く環境意識の低い国と言えるでしょう。そして寝食して生活する事は万人共通ですから、環境侵略者は贅沢をしているとも言えます。CO_2ランキング上位は中国、米国、インド、ロシア、日本です。これら5カ国だけで世界全体の6割のCO_2を排出しています。気候弱者が環境侵略者を相手に提訴してもおかしくないが、弱者ゆえその様な知識も財力もないのでしょう。

N○Kにスポンサーがつかないのは当然と思いながら『ワイルドライフ』を見ています。本来ワイルドライフは野生動物の生態を伝えるドキュメンタリーだが、環境破壊を報告するテレビ番組になってしまいました。

環境破壊の報道を見聞きする度に私は手塚治虫の『火の鳥』を思い出します。火の鳥には人類の興亡が描かれています。人類は自ら築き上げた文明によって滅んでしまう、少人数で始められた歴史は文明が頂点に達した時にその幕を閉じる、それが繰り返し描かれています。その人類を見守るのが火の鳥です。「人類は私の意思に従ってくれるだろうか？」火の鳥は時に人間の世界に介入しながら期待の目で人類を見張り人類は滅びます。

人類は自分達の目的に気付かない限り、破滅に向かって歩む事になります。人間が存在する目的は自然と動物を管理する事と言えます[6]。「環境保護」という言葉を耳にしますが地球を守るとは自然より人間の方が優位に立っているという事であり傲慢な態度です。人間が酸素や日光を作り出したわけではなく、自然に生かしてもらっている謙虚さがありません。生態系が崩れ、人間の食べ物が減り始め、絶滅危惧種も増加しています。

『解体新書』を訳した中津藩医、蘭学者、前野良沢《まえのりょうたく》は言います。

人間が自然界の一部を
支配したりする事ができると
非常に傲慢になって
自分の独力でしたように思う
自分の力は
自然の力の一部という
謙譲の心が大事である

（福永光司・訳注）川嶌眞人編『中津藩蘭学の系譜』西日本医学研究所より引用

ハワイに生息するコアホウドリも人間の犠牲になっています。食べ物と間違えゴミを食べて死ぬ割合は雄の方が高いため雌雄のバランスが崩れ、雄1羽、雌1羽で行う営巣形態を維持出来なくなり、子育てをする雌同士のペアは全体の3割になるそうです。

洪水伝説は2百以上の民族で継承されているそうで[7]、環境破壊による洪水が太古にあったのかは分かりません。メソポタミア、エジプトなどは自然の乱開発のせいで古代文明を崩壊させたそうです。古代の森林伐採がゴビ砂漠を形成したという説もあります（日本は森林の多い国ですが世界地図を見ると砂漠が多い事に気付きます）。コアラが山火事で火傷をする、プラスチックを食べた鯨やウミガメが死んでしまう、それらのニュースを見ると、絶滅した動物の標本を見ると身につまされる思いになります。人間は生態系を壊しています。

アサギマダラという蝶や渡り鳥、回遊魚、ある種の鯨は何千キロと旅をして目的地にたどり着きます。カーナビがあっても迷う私は、そんな動物の習性に思いを馳せると自然に対する畏敬の念を抱きます。

気温上昇でバランスが崩れているが生物は雌雄の割合においてバランスが取れています。被捕食動物[8]は沢山生まれるその数に於いて生態系を支えています。海水魚は体液濃度を一定に保つ為にエラにある塩類細胞から血液の塩分を捨てます。

人体の気管の粘膜で吸い取られた埃は繊毛に押し上げられて喉から排出されます。NK細胞、T細胞、マクロファージ、樹状細胞などそれらの免疫細胞は個人の意思とは関係なく、体を癌細胞から守る為に働きます。四つの塩基（アデニン、チミン、グアニン、シトシン）からなるDNAは螺旋構造をしていて、その対を複製する事により遺伝子情報を残します。

こんなに精巧なものが目的なく出来るのかと思ってしまいます。核兵器やAI[9]、破壊の道具ばかり考え出す人類はミジンコ1匹作り出す事が出来ません。宗教団体に行くべきではないが、人体構造や動植物の生態を知れば知るほど人間を超えた何者かの存在を認めざるを得ません。

　地球沸騰化という流れに人類は押し流されています。川の終点である滝に近づいているのに問題逃避を続けるのでしょうか。人間に与えられた役割を自覚しない限り、戦争か環境破壊によって人類は滅びるでしょう。

［注釈］

1　男梅雨：激しい豪雨を伴う梅雨

2　２０２３年２月28日のニュースは１万４１２５の島が日本にあると発表

3　竜田姫：秋の女神

4　２０２２年11月～２０２３年３月まで滞在した南極観測隊の報告によると東南極にあるトッテン氷河は15km後退、南極大陸の氷床が全て融解すると海面が60メートル上昇する

5　琉球王国は薩摩藩に侵攻された後、江戸幕府に従う形態で琉球王国を保っていたが、明治維新時に沖縄県として日本に併合された

6　サケやイカなどは繁殖行動の直後に息絶える、人間は繁殖可能な年齢を過ぎて何十年も生きるので動物とは違う役割があると信じる

7　古代ギリシャ、シュメール文明、マヤ文明、インカ帝国、アステカ帝国、ニュージーランドの先

住民であるマオリ族、ヒンズー教の神話、カメルーンなど世界中に洪水伝説がある。縄文時代は現代より海面と気温が高かったというから現代人が遡及できる以前の年代に別の文明があったかもしれない

8　被捕食動物：猛禽類や肉食獣の餌になる小動物や草食動物など

9　人工知能が敵を認識して攻撃する無人爆撃機は既に稼働していて、人工知能の誤作動によって人類が滅びるという警鐘をホーキング博士（イギリスの理論物理学者）は鳴らした

二　明治の電話

電話をかけると病気がうつるという噂が流れたのは電話が普及し始めた明治時代の話です。音声を電気信号に変換して伝えたのが当時の電話であり病原菌は感染しません。時を同じくしてコレラが流行したので電話がコレラ菌を感染させた印象を与えたのでしょう。未知の物に対する不安はデマをもたらしました。

なんと馬鹿げたと思うかもしれません、しかしこれと似た現象が日本でも起きています。「パソコン」と聞いただけで拒絶反応を起こす人がいるし、ＳＮＳや電子メールを使えない人は電車の中で電話します。ＳＮＳのグループ登録を拒絶して同じ連絡事項を18回送る人もいます。インターネットを使わずに電話をかけて調べる人は新幹線に乗らないで飛脚を走らせるのと同じ、時代にそぐわない、社会から取り残された人と言えるでしょう。

「次のレッスンは」とスマホのカレンダーアプリに入力したら「今の人はすぐにスマホを使う」とヨガの先生が怒りました。スマホ依存は悪いが環境の為に紙の使用を減らさなくてはいけないし[1]たとえスマホを紛失してもカレンダーのデータはクラウドに保存されているから、紙にはない利点もあります。どんな事にも良い点、悪い点はあるから、そういう人は、悪い点だけを見てスマホの利点を知らないのだと思います（紙に書かないと漢字を忘れるので俳句を習って良かったと思います）。アナログ派はインターネットの利点を知らないからITの全てが悪いと思っているのでしょうか。真っ黒な物なんて存在しない、黒に近いグレーがあれば白に近い灰色もあります。

ここまで読んでデジタル派の読者は「IT音痴は社会から取り残された情報難民」という事に賛同してくれるでしょう。しかし明治や昭和の人達を笑う事は出来ません。日本は国際社会から取り残された環境後進国です[2]。取り残される共通の原因は「未知に対する不安」から現状維持に固執する為です。

未知の領域に対して不安があるから現状維持したい人が多いのでしょうか。しかしビジネスと生活様式は流動的で常に変化しています。例えば行灯《あんどん》の油売りは現在では存在しません。従来の日本家屋は板張りであり、畳を敷き詰めるようになったのは室町時代だからその頃、畳の需要が増えたはずです。1657年に10万人以上が亡くなり、江戸の6割が焼失した明暦の大火がありました。四代将軍家綱の時代です。幕府は軍事目的から橋の架設を禁じましたが、大火を契機に両国橋[3]が建設され、広小路[4]を設けるなど防災対策の区画整理に伴い公共事業がなされました。長い髪を垂らしていては避難が困難である為に女性は日本髪を結う習慣が出来ました。ファッションとしても時間と共に変化した結い方は、既婚の有無のみならず、職業や社会的地位を代弁する、今で言う身分証の様な役割もあったでしょう。参勤交代で男性の人口が多かった江戸では今で言うファストフード、屋台が広まりました。関東大震災を機に、煉瓦造りが多かった東京の建物はコンクリート製の建築物へと切り替わり、フィルムカメラの需要は現在では殆どないし、コンピュータープログラマー、YouTuberなど昔はなかった仕事もあります。生活様式を変えていくと同時に、既存のやり方に囚われず今までにはなかった仕事を創り出す必要があります。

現状維持したい人は収入減、または失業を恐れているのでしょうか[5]。2019年まで外国人は入国出来なかったサウジアラビアがインバウンドビジネスを開拓しています。石油を売れない時代を見越しているのです。

趣味でガソリン車を運転して、SAFを使用しているか気にとめず航空会社を選ぶ、冷房温度を19度に設定する、どうしたらCO_2を減らせるか考えた事もない、そういった人が「自分は気候変動の犠牲者にならない」と信じているなら、それは根拠のない楽観論です。熱中症が原因で寝たきりの身障者になった女性（倒れた時は高校生）がいます。「その人は運が悪かった、自分さえ良ければ」と思う人もいるかもしれません。しかし対策を講じなければ、あなたが犠牲者になる確率を増やすのです。２００５年から２０２１年の間にクラブ活動中に死亡した人は25人いて、２０２４年時点、熱中症の疑いで死亡した人は過去最多に迫ります。２０１５年から２０２０年まで暑さが関連した死者数は３万人以上（熱中症の７倍）います。これは、暑さが様々な病気を悪化させるからです。ＷＨＯは将来的に世界の気候変動関連死は毎年25万人になると警告します。

マイナス思考は必要です。自分は加害者になると思う人は慎重な運転をするからです。自分は大丈夫と過信する時に限って自分の誤りに気付かないものです。

「私は体が弱いから人に仕事を任せる様になった」とは松下幸之助の経営哲学で、松下氏が健康優良児であればパナソニックは誕生しなかったかもしれません。ＭＹさんは体が弱いからバレエを、スピードスケート銀メダリスト、ＳＨ選手は喘息を克服する為にスケートを始めました。徳川吉宗は四男として生まれたから目安箱を設けたのかもしれません。下級武士として生まれたからこそ平賀源内は本草学者になったのであり、マイナスは悪い事ではありません。ノーベル賞を受賞したＹＳ氏は手術が下手だった為に整形外科医を断念して研究者となったそうです。往々にして社会に貢献した人達は順風満帆に生きた人より、恵まれない経験をした人が多く、二宮尊徳、アブラハム・リンカーンなど例を挙げたらきりがありません。

パンデミックで緊急事態宣言が発令された時には家庭菜園やガーデニングを始める人が増えました。天体観測を始めた人もいました。逆境で工夫を凝らす、なんと賢明な人が多いかと感心しました。知恵を使えばマイナスはマイナスではなくなり、マイナスとマイナスをかけるとプラスになります。

ピンチはチャンス、しかし、より良い世界へ到達する為に産みの苦しみの様な通過点があるかもしれません。原発事故から10年以上経過した現在でも日本産海産物の輸入を拒否する国がある事から分かる様に長期的な展望が必要です。

現状維持したい人はCO_2削減のマイナス面だけを見ているのでしょうか。例えば、移動に時間がかかるのは悪いと決めつけていないでしょうか。

船笛の大海原へ出づる夏

鹿児島新港を出たフェリーは奄美諸島に停まりながら那覇港へ向かいました。フェリーから栈橋へ纜《ともづな》を投げる、フェリーからコンテナが下ろされる、白い砂浜の先に熱帯雨林が広がる、フェリーに揺られていると下船こそしなかったが奄美諸島の歴史を調べてみようという気持ちになりました。迷惑をかけないのであれば船内で宴会するのも良い、本を読んでも良いし、自分であれば俳句を考えます。船内の時間を退屈しないで過ごす事が出来たら人間力を鍛える事にならないでしょうか。東京から九州へ飛行機で行く人は広島で屋根の色が変わる事に気付かないでしょう。便利さには弊害があります。テフロン加工、防水スプレーなどは画期的とされましたが、現在ではＰＦＡＳの有害性の方が問題視されています。目先の利益に囚われるべきではありません。

ヨーロッパは陸続きだから電車で移動出来ると飛行機の利用者は激減、気候変動を悪化させる移動手段として飛行機の利用は「飛び恥」と呼ばれる様になりました。ピンチに陥った航空会社は植物由来の航空燃料ＳＡＦの使用を始めました。航空燃料になる以前に植物としてＣＯ２を吸収したからプラマイゼロになるという考えです（日本人の多くは飛行機に乗らない私を奇異な目で見て中には笑う人もいます）。買い控えならぬ飛び控えを可能にした要因は欧州人の意識の高さもありますが労働環境もあるでしょう。気候変動に取り組む時に働き方改革を避けては通れません。日本企業の夏休みは１週間だと話しても海外の人は信じてくれません。

「環境問題を皆が気にしないから私も」という感覚の人もいるかもしれません。信念を持たないと周囲の価値観が判断基準になってしまいます。戦時中、日本人の多くは自分の行動が正しいか考えず周りに同調して生活しました[6]。日和見人間[7]は国際人になれないから英語教育より考える教育に重きを置くべきでしょう。

「南極が溶けたら大変な事になる」80年代の事ですが[8]小学生の時に友達の誰かがそんな話をしていました。その頃は現在ほど暑くなく、気候変動が騒がれる事もありませんでした。そして90年代に地球温暖化という言葉を耳にしました。連年のように夏は暑さを増していましたが夏の暑さはひとときのことでした。しかし地球は症状の少ない潜伏期間を経ていたのでしょう。夏は長くなり、夏の後に冬が来る様になりました。

2024年9月の日経新聞を参照すると、EUの気象情報機関、コペルニクス気候変動サービスは2024年8月の世界の平均気温は過去最高と発表、産業革命前の8月の平均気温を1・51℃上回りました。熱中症警戒アラートの回数は去年を上回り過去最多と日本の有識者会議で報告されました。

私を含めて人間は50年以上の間、何をしていたのでしょう、地球という仮住まいを人が住める状態で次世代に明け渡す必要があるというのに。
２０１１年3月に福島第一原子力発電所で事故が起きました。

主《あるじ》なき庭の沈丁〔9〕避難地区

東京にいた私はどうして良いのか分からずいつも通りに働いたが「まるで映画を見ているようだ」「贅沢をしたから罰が下った」と同僚と囁《ささや》きあいました。喉元過ぎれば熱さを忘れる、あの事故から10年以上経過して贅沢な暮らしに戻ったと思います。

「南極が溶けて陸が水没する」「ＡＩが全人類を攻撃する」「地球に住めなくなり宇宙空間に住む」など、ＳＦ映画の世界が現実となりつつあります。水を離れて魚は生きられないのと同様、地球を離れて人類は生きられないから、宇宙開発の費用を環境対策に費やさ

沈丁花《じんちょうげ》

なくてはいけません。

「自分が気候変動の犠牲者になるのは嫌だ」というのは感情論ですが、合理的な人は行動を起こします。体調が悪ければ病院へ行き医師の指示を仰ぐ様に私達は環境学者の警告を受け入れなくてはいけません。それとも根拠のない楽観論を続けるのでしょうか。問題の先送りはツケを増やすだけで解決になりません。地球の限界点を超えたら、加速度的に増加する災害から、未来がない絶望から治安も悪くなるでしょう。

読者の方にお願いします、社会体制が整うまでCO_2を抑えた楽しみを見つけて下さい。パンデミックを乗り越えた事を思い出して下さい。

福沢諭吉は合理的で決断力の早い人でした。大阪の適塾でオランダ語を勉強した後、英語の方が流通している事を知った諭吉はすぐに英語の勉強を始めました。後悔する時間が勿体なかったのでしょう。諭吉の様な即断力が今求められています。

最後に気候変動に関する主な年表をまとめました。50年以上前の日本人M博士の警告が効力を発していない事に注目します。ここに書ききれないほど気候変動のニュースは増えていますがメディアはそれらを取り上げません。博士はどんな気持ちで今の社会を見ているのでしょうか。

1958年：日本人M博士が温室効果ガスの研究をする為にアメリカへ移住
1967年：日本人M博士がCO_2の増加がもたらす地球温暖化を予測した
1992年：気候変動に関する枠組条約を国連で採択、2年後に発効
1995年：ベルリンで最初の気候変動対策会議、以降COPは毎年開催される
1997年：COP3が京都議定書を採択
2005年：京都議定書発効
2015年：世界の平均気温上昇を産業革命以前に比べて1・5℃に抑えるパリ協定の目標
2018年：西日本豪雨による被害総額1兆2千億円、死者・行方不明者245人超
2019年：オーストラリアの山火事で北海道を上回る面積が類焼
2019年：台風19号で長野新幹線車庫が水没、北陸新幹線120両が廃車に
2020年：熊本で豪雨災害、65人死亡、2人行方不明、被害総額565億円
2020年：ロシアのベルホヤンスク（北極圏）で気温38℃を記録
2021年：熱海で大雨による土石流発生、28人死亡、3人負傷
2021年：カナダ西海岸で気温49・6℃

２０２１年：カリフォルニア州で９千件の森林火災が発生
２０２１年：日本人M博士が環境学におけるノーベル物理学賞を受賞
２０２１年：ロシアで５４０万ヘクタールの森林が焼失
２０２２年：アラスカ森林火災の消失面積は東京都二つ分
２０２３年：ハワイマウイ島の森林火災で約97名が死亡、２千２百棟が全焼
２０２３年：カナダの山火事で北海道の面積の２倍以上が焼失
２０２３年：ギリシャの森林、耕作地、市街地15万５千ヘクタールが火災に
２０２４年：メッカで巡礼中に１３００人以上が暑さで死亡
２０２４年：世界規模の珊瑚礁の白化を米海洋大気局とＩＣＲＩが発表
２０２４年：ブラジル南部で洪水、日本国土の４分の３にあたる面積が浸水被害
２０２４年：記録的な豪雨がドバイの洪水をもたらす
２０２４年：米国各地でヒートドーム現象、暑さが原因の死者は５年で倍増
２０２４年：エチオピアゴファで大雨による地滑り２２９人死亡
２０２４年：マケドニアで山火事が発生、冷戦時代に埋められた地雷が消火活動を阻む
２０２４年：日本の若者16人がＣＯ２排出削減を求め火力発電事業者を提訴

２０２４年：アマゾン森林火災の煙、ブラジル10州の他、パラグアイ、ペルーに達する
２０２４年：世界で蚊やダニが媒体する感染症が拡大（ナイル熱、ウマ脳炎、ライム病）
２０２４年：ボリビアで山火事、焼失面積は関東地方に匹敵
２０２４年：アフリカ西部・中部で４百万人が洪水の被害者に
２０２４年：ジンバブエの大規模干ばつで６百万人が食糧難になり象２百頭を殺処分
２０２４年：カリフォルニア州の森林火災、少なくとも5万ヘクタール消失
２０２４年：ベトナムに台風ヤギが上陸、死者が３百人に
２０２４年：米南部にハリケーン・ヘリーン上陸、少なくとも2百人が死亡
２０２４年：ネパールで記録的大雨、濁流猛威で死者２１７人行方不明者28人
２０２４年：メキシコにハリケーン・ジョン上陸46人死亡58人行方不明
２０２４年：スペインバレンシア州で発生した豪雨による死者２２０名に
２０２４年：世界の平均気温が過去最高に
２０２４年：11月日本の気象庁が最も遅い大雨特別警報を奄美地方に
２０２４年：デング熱を感染させる蚊の生息域が４５０キロ*北上（*北海道を除く全国）
２０２４年：９～11月の日本の平均気温が平年より１・97℃高く過去最高

2024年：サイクロンで94人死亡、モザンビーク
2024年：ロサンゼルス山火事、延焼面積は山手線二つ分

［注釈］

1　フランスで買い物のレシートが電子化された、パルプ植林の為、熱帯雨林が伐採される
2　ケニヤの電源は9割を自然エネルギーが占め、ビニール袋の製造、輸入、販売、使用が禁止されており、違反者には罰金または禁固刑が科される事がある。スロベニアの各家庭は38種類にゴミを分別して違反者には罰金が課される。COP25から4回連続で日本は化石賞を受賞した
3　武蔵と下総をつないだので両国橋と言われた
4　広小路：延焼を防ぐ為の防火用地
5　環境対策で失業者が生じるのであれば転職の斡旋や給付金など政府の対策も必要でしょう。農業従事者を増やす事は食物自給率を上げるだけでなく、農地を増やす環境対策になり農業を儲かる仕事にする必要があるでしょう
6　沈没船に残る説得方法が国により異なるという「タイタニックジョーク」は国民性を如実に表す。アメリカ人に向かっては「船に残る男は英雄だ」と言い、ドイツ人には「船に残るのが規則である」と言う、日本人に向かって「皆さん残ります」と言えば付和雷同な日本人は周囲の人に合わせて行動するという

7　腸内では善玉菌、悪玉菌より日和見菌の割合が多く、日和見菌は善玉菌が増えれば善玉菌になり、悪玉菌が増殖すると悪玉菌になるという

8　インドネシア、ティンブルスロコの村民は床上浸水した家屋で生活する。周辺では既に四つの集落が消滅した。農地が海となり水没するという事はCO_2を吸収する植物が減る事も意味する

9　沈丁花《じんちょうげ》：2～3月に香気を放つ白や淡紅色の花を咲かせる常緑低木

三　宝くじ

２０１１年の東日本大震災の際に東京の九段会館の天井が落下したニュースを覚えているでしょうか。２人が死亡、20人以上が重軽傷を負いました。地震が起きた時にすぐに避難するか、身を守る姿勢をとればそこまでひどくならなかったのではと思います。日本人は周囲をみて判断する人が多いから、

周囲が避難しないから自分も避難しない↓

気候危機と騒ぐ人がいないから自分も騒がない。

多くの日本人が環境問題に無関心なのはそういった心理作用が働いていると思います。しかし私は言います、今地震が起きていると思って下さい、それくらい気候変動は切迫しています。

ＭＣＣというベルリンにある気候研究所が「臨界点」までの残された時間を発表しています。そしてニューヨークのユニオンスクエアには臨界点までの日数を表示するカウントダウ

ン時計があるのでインターネットで検索して下さい。

臨界点とは気候変動の時限であり、後戻り出来ない手遅れの状態です。ドミノ倒しの様な連鎖的破壊が生じると、どんなに努力をしても地球沸騰化を食い止める事は出来ないと言われています。

気候危機の緊急性を政府はどうして公にしないのでしょうか。自分達が対処出来ないから、批判されたくないから黙っているのでしょうか。気候危機について考え、思いました、アメリカとの戦争で負けている事実を隠し続けた、あの時と同じ事をしているのではないかと、満州開拓民が置き去りにされた様に政府は国民を見捨てるのではないかと。

２０２４年2月28日に山形県米沢市を訪れて驚きました。20年前に訪れた時には自分の身長ほどあった雪の壁がありませんでした。現地ガイドの話によると、恒例行事で使う雪燈籠に必要な雪を近隣の山地から運んだそうです。雪を運ぶ為にCO_2を排出すれば気温上昇を後押ししてますます降雪が減少すると内心思いました。米沢のスキー場は営業出来ない状態で除雪作業員も失業する、雪を見る為に日本へ来るアジアの観光客が増えたが、飛行機に乗るという行為が降雪量を減らしていると言えます。

温暖化雪祭りとて雪運ぶ

東京から鳥取県へ飛行機で行き、カニを食べて喜んでいる人は飛行機に乗るという行為が将来カニを食べられない原因を作り出している事を知っているでしょうか。過剰に吸収されたCO$_2$によって海水は酸性化していて、酸性化した海水で甲殻類プランクトンが死滅する現象は既に北極海で起きています[1]。

環境対策がなかなか進まない理由を考えました。

1 環境対策に逆行する体系を政治家が献金を受け取る事により維持させているのでしょう。利権、癒着、献金、賄賂などが国民の福利を奪う事実を隠蔽すれば従順な日本人は政府に従います。この話は「日本の景気」とも絡んできますが民主主義とは乖離しており、カネ問題の全てが明るみに出たらこの国は破綻するかもしれません。

2 投票する人のご機嫌取りをするから立候補者はカネの話しかしない、それは問題の先送りであり、そういった政治家を選ぶ国民の問題もあります。御用聞きばかりする政治家はリーダーシップをとっていません。

3 今日の食べ物に困る人は環境問題を考えないから貧富の格差は地球沸騰化を加速させます。長時間労働も関係するが興味のある情報だけを取り入れると、環境に対して無関心になるでしょう。

4 問題逃避する癖が日本人にある事は幕末や第二次世界大戦中の対応でも分かるでしょう。外国船が頻繁に出現して外国との接触が避けられない状態で家斉《いえなり》の対応は「異国船打払令」を出した事でした。漂流したジョン万次郎はアメリカ船に助けられましたが異国船打払令の為に帰国出来ませんでした。日本政府も環境問題に於いて異国船打払令と同じ対応（問題の先延ばし）をしてきました。無責任な日本は国内で火力発電を使い続けるだけではなく、発展途上国において日本の官民[2]（大手商社とメガバンク）は火力発電所を後押ししています。日本にとって北朝鮮は厄介な隣国、しかし環境先進国にとって日本は厄介者、ミサイルの代わりにCO_2を放ち続けます。COPで化石賞を取り続け、諸外国から非難されても態度を改めようとしない日本の政治家は江戸時代の糠《ぬか》みそに漬かったままの状態です。国際社会が力を合わせようという時に日本が足を引っ張る、もっと早く降伏していれば原爆を免れたかもしれない、廃炉の決断が早ければ福島の惨事も避けられたかもしれない。決断が遅く手遅れになる事例が多かった事から分かる様に、問題の先延ばしはツケを増やすだけ、年配者の尻ぬぐいをするのは若い世代です。

5 不利な情報を排除する心理作用を心理学では確証バイアスというそうです（これは日本人に限らない）。自分に有利な事に関してはプラス思考になる傾向があり「自分は癌にはならないで宝くじが当たる」と思うから宝くじを買うのでしょう。しかし実際には癌になる確率は宝くじが当たる確率よりはるかに高いのです。２０１１年の巨大津波を予測した学者がいたにも関わらず、その警告を周知させなかった人々がいた事実から分かる様に負のリスクを過小評価する作用もあるでしょう。嫌な事は起きて欲しくないと誰でも思いますが現実を直視しなくてはいけません。台風が来る時に河川や農地を見に行って亡くなる人は「自分は大丈夫」という楽観思想が働いてしまうのでしょうか。

6 動植物に関心を持つ人が少ないと感じます。動植物の生態を知らなければ地球に人類しか存在しない錯覚に陥るでしょう。

7 自分に対する損得で判断するのは人間の性《さが》かもしれません。例えばトランプ氏の不倫行為が選挙の争点にならなかったのは、有権者が不倫の被害者ではないからです。インドネシアに水没した村があるのは知っているけれど自分の家が水没した訳ではないから環境問題について考えたくないのです。交通違反の反則金があっても交通規則を守らない人がいる事例から分かる様に環境対策にも奨励金や罰金が必要でしょう。

8 福沢諭吉は当事者意識の低い人を「お客さん」と呼んでいます。２０２３年6月、パリ郊外に住む北アフリカ系の少年が警官に射殺された事件は大規模な暴動へ発展しました。暴動は良くないが、少なくともフランスの庶民は世の中に関心を持っている事の表れでしょう。「誰かが何とかしてくれる」と思うから日本の投票率は低いのでしょうか。矛盾だらけの政府にとりあえず従うのは日本人が徳川幕府の刷り込みから解放されていないからで「お上に任せておけ」と思っているのでしょうか[3]。自ら行動せず他人の恩恵にあずかろうとするなら無賃乗車になってしまいます。

9 出る杭は打たれるという言葉がある様に、空気の読めない人になってしまうから環境の話題を避けるべきと思っていないでしょうか。きっとそれは環境問題を否定的に捉えているからで世の中が良い方へ変わる転換点にしましょう。

10 文化的な贅沢を諦めると不幸になるという迷信はないでしょうか。「文明」や「火の鳥」の章では、文明が人を含む地球を破壊する事例を述べています。北米東部には電気を使わず馬車で移動するアーミッシュという人達がいます。ある意味アーミッシュの方が私達より進んでいるかもしれません。馬に乗るのは無理としても一昔前、日本人の精神は今より豊かでした。

11

大量生産大量消費で毒される以前は小売商店が量り売りをしていました。私の年代以上の人は鍋を持って豆腐を買いに行った経験があるでしょう。発展途上国のニュースはあまり入ってきません。報道の自由や媒体がない事もありますが、先進国が発展途上国から搾取する経済構造に気付かせない意図もあるでしょう。人間だけでなく自然界さえもカネの奴隷にする従来の資本主義というトンネルの出口が見え始めています。

カネの事しか考えない人はアメリカの経済思想に洗脳されていると言えます。

偏った思想に洗脳されない為に何をしたら良いのでしょう。新聞を読んでテレビとインターネットを見て哲学書や歴史書を読み、色んな分野の情報を取り入れ自分で考える、しかし、そんな事をしたら臨界点（気候変動の時限）に間に合いません。間に合う方法は〈社会の役に立つ、建設的な思想〉に洗脳される対象を置き換える、と言いながら私の考えを鵜呑みにしてはいけません。情報に接する事により私の考えも変わっていくからです。

以前、私は白い服を着て通夜に参列する人を見て失礼な人と思いました。実際には黒い喪服を着る習慣が欧米から入ったのは維新後で、それ以前の日本人は白装束で葬儀に参列したそうです。（私は黒い喪服を持っていますが）それを知ってからは人が葬儀に何を着ようが気にならなくなりました。これは取り入れる情報により考えが変わる事例です。

ＣＯＶＩＤ－19が出現する以前にイギリスでは新型ウイルスの流行を想定して可能性のある人材に研修を行いワクチン接種の要員を確保していたそうです。6千万円かけてガーゼマスクを廃棄した日本とは雲泥の差です。

中国系資本が仙台に進出しています。２０２3年2月、沖縄の屋那覇島《やなはじま》が中国人に売却され批判されたのに日本の政府は何をしているのでしょう。２０１１年の大津波は想定外、ＣＯＶＩＤ－19も想定外、しかし臨界点（気候変動の時限）を知らなかったとは言わせません。

関東大震災の救援物資をアメリカ海軍は日本へ運んでくれたし、世界銀行も復興支援をしました。敗戦後、ユニセフは日本へ食べ物を含む救援物資を送ってくれました。能登半島地震の後は台湾人が12億円も義援金を日本へ送ってくれました。日本が海外へ災害救助に行った事例もあるし、何かある度に国際間で助け合ってきました。しかし気候危機は国難以上の問題である事を考えていただきたいのです。どの国も被害者になったら国際援助が出来ないし、コロナや震災の様に一過性の問題ではありません。手遅れになったら私達はずっと苦しみ続けます。原発事故の教訓からも最悪のシナリオを想定しなくてはいけません。

他の惑星は暑すぎたり寒すぎたりして生存に適していません。例えば火星の平均表面温度はマイナス55℃、最低温度はマイナス１５３℃です。金星の表面温度は４７０℃、金星の大気は主にＣＯ^{2}で構成され温室効果が強い為でもあります。地球は他の惑星と同じ様に生存に適さない星になってしまうのでしょうか。

台風から変化した熱帯低気圧は線状降水帯を能登半島にもたらしました。今回の洪水も人災かもしれません。濁流にのまれ亡くなった子が自分の子供であったらと想定してみて下さい。そして環境対策の行動を起こして下さい。

今はまだ僅かですが「破滅」という流れに逆らって艪《ろ》を漕ぐ船乗り達がいます。漕ぎ手が少ない為にその船は押し流されています。その漕ぎ手に加わらないで傍観するなら、あなたを乗せた船は滝から落下するでしょう。気候変動の救世主はこれを読んでいる読者という事に気付いてほしいのです。

It's always darkest before the dawn.
夜明け前が一番暗い、変化の前は苦しいが希望を捨てないで。

［注釈］

1　酸性化だけでなく海洋は水温上昇にも直面し、水温上昇によりCO_2を吸収するはずの海藻が繁殖出来ない海が増えている

2　日経新聞を参照すると岸田元首相は2024年8月に火力発電所建設を協議する為に中央アジア訪問を予定していた。化石燃料による発電は気候変動を悪化させるだけでなく、近隣住民への健康被害も懸念される。自分達の利益の為に発展途上国を犠牲にしていると言える

3　浄土宗と他力本願的な国民性は関係しているかもしれない。それに加え現在の体制では投票者の政治参加を実感しづらいと思う

四　今が一番良い時代

小春日や話し出すかに「市」の像

小春日和[1]の福井県、女性二人と男性一人が神社境内にあるブロンズ像の前で話をしています。周囲に人はおらず、「お市」と三人娘の像があります。お市とは織田信長の妹で浅井長政という戦国武将の妻です。

「当時の女性はモノ扱いだったからですか?」

青銅の像の前で白髪を後ろで束ねた男性が質問に答えながら説明をします。3人ともマスクをしているので顔はよく分からないが観光客です。

「それもあるし当時の女性は戦利品だった」

「茶々は自分の親を殺した人と結婚しましたね」

浅井長政とお市の長女が茶々です。右手にボールペン、左手にメモ帳を持っているが話に引き込まれ女性はノートをとりません。

「側室だけどね。女性の方でも農民の地位に落ちたくないから側室になるのが生きる道だった」

戦争で大勢の男性が死んでしまうから側室をとる事で戦国時代は人口のバランスが取れていたと先生は話します。

「大河ドラマを見ていました。あのドラマの時代考証をしていたのですか？」

「いや」

「いつから？」

「真田丸から」

なるほど、戦利品だったから親を殺した人の側室になったのか、生きる為とは言えそんなに割り切れるものなのか？　農民になれば戦争の度に農地を荒らされ、年貢をとられ、夫は足軽になり死んでしまう、なんともひどい時代があったものです。

「唐衣《からころも》　裾に取り付き　泣く子らを　置きてぞ来ぬや　母《おも》なしにして」

万葉集の中でも有名な歌です。父親が北九州へ行った後、子供の面倒を見る人はいたのでしょうか？　父親は子供の元へ帰れたでしょうか？　白　村　江《はくすきのえ(はくそんこう)》で唐・新羅軍に大敗した後、太宰府の防衛についたのは被支配地域にあたる東日本の人達でした。

1609年に奄美諸島は薩摩藩に侵略され、大島紬《つむぎ》を税として納める事を強制されました（大島紬役）。薩摩藩が課した量と品質を満たせない時、島民に罰金や刑罰が科せられました。大島紬を江戸や京都で薩摩藩が高値で売りさばいた一方、島民は自分達の為に織っていた大島紬を手放す必要があり、代わりに木綿や麻など安価な布を着るようになりました。支配、被支配の関係が存在しないという点に於いても今は良い時代です[2]。

江戸時代以前の航海には持斎《じさい》が同行しました。祈祷が役割であったから悪天候を鎮める事が出来ない時には海に放り込まれました。地球の自転、公転、緯度による気温差がある事などから、現代の私達は悪天候を避けられないと分かっています。疑心暗鬼に陥り無益な死をとげた先祖を不憫に思います。富士山頂に気象レーダー棟を建設して以降、気象衛星が飛び回る現代を生きる私達の特権です。

祇園祭は千年以上続いてきた京都の祭りです。869年頃京都で疫病が流行ったとされて、平安時代の人はウイルスの存在を知らなかったから怨霊《おんりょう》が疫病をもたらすと信じていました。その怨霊を鎮める事が祇園祭の目的です。山車《だし》の長刀鉾《なぎなたぼこ》で宙の怨霊を集め街外れに運ぶそうです。現代の私達はウイルスの存在を知っているからウイルスに対する正しい対処方法も知っています。北里柴三郎はウイルスを研究して対処方法を教えてくれた研究者の一人です。江戸煩《わずら》いとも呼ばれた脚気《かっけ》は大阪や京都、中国地方、九州でも流行しました。家光、十三代将軍家定、十四代将軍家茂は脚気、またはその併発症で亡くなったとされます。江戸時代の庶民は一日に平均して3～4合の米を食したとされ、副菜が不足していました。ビタミンB1の欠乏がもたらした病気ですが、大正時代に佐伯博士によって研究されるまで対処方法は分かりませんでした。栄養学の父と言われる佐伯矩《さいきただす》は大正時代に世界初の栄養学研究所を創設して「栄養士」という職業を創り、学校給食制度を導入しました。「栄養」という訳語も佐伯博士によって考え出されました。

医療や衛生に対する知識が普及したのは時間の経過の中で、研究をする人達がいたからです。彼らは間違った知識を塗り替えただけでなく、自分の発見が庶民の常識として浸透するまで奔走してくれました。

ミュータンス菌の酸が歯を溶かす事が分かっているから、現代に於いて子育てをする人は子供と同じ食器を使いません。年輩者に虫歯を持つ人が多いのは予防医学が発展途上にあったのだと思います。

私が子供の頃、運動中の水分補給は悪いとされたが人体の生理学的機能からすると全く逆で、今そんな事をしたら虐待になるかもしれません。

昔は抜けた乳歯を縁の下や屋根に投げる習慣がありました。自分の体であれば移植しても拒絶反応が起きないから、今の子供達が抜けた乳歯を将来の為にとっておくのは理にかないます。

昔の人は科学的根拠に基づかない、迷信が物事の判断基準にもなりました。例えば福井県丸岡城には「おしづ」伝説があります。城の石垣がなかなか完成しないので人柱をたてる事になりました（当時、人柱に選ばれるのは体に障害がある人や女性、罪人などでした）。片目に障害のあるおしづという女性が生き埋めにされたという伝説が本当なら何という時代だったのでしょう。

戦国時代には「湯起請《ゆぎしょう》」といって、熱湯の中の小石を拾い、火傷の重さをみて争いを決着させる裁判がありました。

平均的な日常生活を送る能力のない人達は、江戸時代以前であれば一生を座敷牢[3]の中で終わったでしょう。

最盛期には3千人以上の遊女がいたと言われる吉原は幕府公認の遊郭でした。「郭」とは城郭という言葉からも分かる様に囲いの意味があります。中で働く遊女達が逃げられない様に吉原は堀で囲まれ、更にその外側には「お歯黒どぶ」と言われる約3・6メートル幅の環濠がありました。太夫になれる割合は針の先ほど、病気になった遊女を遣手婆《やりてばば》[4]は死を待つ部屋に押し込むだけ、投げ込み寺として有名な浄閑寺《じょうかんじ》には亡くなった遊女達を投げ込む穴がありました。

飢饉の際には女性から先に死にました。というのは家庭に於いても劣位に置かれていたため食べ物にも差異があったのでしょう。彦根藩や南部藩など武士の家系図には男性の名前のみが記され、それ以外は「女子」とのみ記載されています。女性が男性と平等に扱われる権利は棚からぼたもち式に発生したのではなく、権利獲得の為に命懸けで戦った女性達がいました。

１９００年代の欧州において、女性解放運動で警察の取り締まりを受け死亡した女性達がいた事は今のイスラム社会と重複して見えます。１９１３年、エミリー・デイビソンはロンドン郊外の競馬場で馬に当たって死亡しました。Votes for Women（女性に参政権を）と書かれたスカーフを馬に付けようとしたのではないかと言われています。女性解放運動で9回逮捕、投獄された後の行動でした。女性初の大西洋単独飛行に成功した操縦士、女性初のアメリカ連邦最高裁判事など、彼女達はエミリー・デイビソンが成し遂げられなかった事を引き継ごうとしました。今日の平等な市民権は先人達の努力や犠牲の上に成り立ち、（日本では遅れている部分もあるが）女性にも参政権があります。

敗戦国であった日本はとても貧しく毎日風呂に入れなかったからノミ、シラミを飼っているのが当たり前だったそうです。私の親は子供時代にＤＤＴを頭からかけられたと言います。ＤＤＴとはかつて使用された殺虫剤、農薬であるが極めて危険な発癌物質であり人体に蓄積され残留毒性が持続する為に１９７０年には各国で使用が禁止されました。

耐火性、断熱性、防音性、耐摩擦に優れるアスベストは、建築資材や配管、自動車のブレーキなど様々な場所に使われていました（子供の頃、理科の実験で石綿付き金網を使用しました）。今では発癌性物質として使用が禁止されているのみならず、アスベスト除去が補助金の対象になるという事はやはり危険なのでしょう。ここにも癒着の問題が潜んでいるかもしれないが、アスベストが危険であるという前提に立つならば、それもやはり時間の経過がもたらした賜物です。

学生の頃、文化系の部活をしている人達は垢抜けしない人達と思われていました。しかし現在では価値観が多様化して文化系の人も大手を振るようになりました。カメラ女子、歴史が好きな女性は歴女、相撲が好きな女性はスージョ、何でもＯＫの時代です。山ガールや林業に従事する森ガールもいます。○○ザニアなど、社会に出る前に色んな体験を出来る今の子供達は恵まれています。生まれて初めて俳句を作った時、私は48歳でしたが子供時代に俳句を教わっていたら違う人生を歩いていたと思います。

大勢の高齢者を支えなくてはいけない高齢化社会に若人は不満を持つでしょう。出産に可能な年齢がある事を昔は教えなかったから、団塊の世代二世と言われる人達の中には婚期を逃した人が大勢います（人口減少が30年前に分かっていたのに対策を講じる事がなかった政治家は場当たり的です）。誰も何も教えてくれない、ほったらかしにされた世代の人達がいました。

地球上で人が生まれ生きて死んでいく、時間の経過でそれが繰り返されます。時間の中で障害者や女性の権利獲得の為に奔走した人達がいました。脳やウイルスの研究をした人達がいました。社会問題で奔走して対策をたてた教育者や起業家がいました。先人達が築いてくれた権利や情報、特権を現代の私達は享受しています。時間の経過と共にそれらの特権は蓄積されていきます。

今が一番良い時代と言えば「文明」の章で述べた内容と矛盾しているではないか。文明が発達すれば人間力は低下する、人間関係は希薄になる。環境破壊は進んでいなかったし、治安も良かったから昔の方が良かったのではないか。しかし現代だからそう言えるのです。昨日よりは今日の方が情報は蓄積されて、情報を一番多く持っているのは現在の私達です。明日の事は分からないが今の事は分かります。過去と現在を比べられる私達は幸せだと思います。

昔の人は比較する事が出来ない、少ない情報の偏狭な社会で生きていました。情報を沢山持っている現代人は視野が広いと言えるでしょう。比較の対象がなければ自分が幸せである事に気付かないから、昔の人は自分が幸せである事に気付いていなかったでしょう。今が一番良い時代、良い行動を起こす、その選択が出来るのも今なのだから。そして行動するあなたはファーストペンギン、勇敢な最初の一羽になるのです[5]。

［注釈］

1　小春日：晩秋の暖かい日

2　東京の人は福島原発事故を他人事の様に捉える人もいて、そういう意味で地方は東京の支配地かもしれない

3　座敷牢：精神疾患を発症した人などを閉じ込めた部屋

4　遣手婆：遊女を取り仕切るマネージャー

5　天敵がいるかもしれない海に最初のペンギンが飛び込むと後の者が続く、最初のペンギンの決断が群れの子孫を残す

五　気候危機に対する提言

氷山の崩れ白熊漂へる

２０２３年9月28日市内のコンサートホールで脱炭素シンポジウムが開催されました。環境問題のドキュメンタリー番組を制作してきたN○K職員、ＧＫさんが講師として招かれました。北極海の氷は35年で半減した（氷は白いので太陽光を反射できるが溶けると熱を吸収してしまう）こと、南極の氷が後退していること、気温上昇による山火事が森林を減らして負の連鎖が起きていること、臨界点（後戻り出来ない手遅れの状態）が迫っている事、など想像以上に地球沸騰化は深刻です。二階席を含めて半数の席は埋まっていたでしょうか。しかし出席したのは意識の高い人達で、問題なのはむしろ会場に現れなかった人達だと思います。少数派が気候変動に取り組んでも焼け石に水です。

１９８０年代から１９９０年代にかけてニューヨーク市でブロークンウィンドウ理論が導

入され治安が改善されたのをご存じでしょうか。キセル乗車の取り締まりを強化した所、指名手配中の容疑者や前科のある人が多数摘発されました。（低い倫理性は全ての面で現れる事から）日本でもシンガポールの様な罰金制度を設ければ交通事故が減り、治安が良くなり、環境が改善されるでしょう。

環境学の専門家ではない、これらは庶民の提案に過ぎません。だからもっと良い意見があれば、読者は社会に発信して実行してほしいのです。環境は万人共通の問題であるから皆が取り組まなくては解決出来ないし、時限の差し迫る問題でもあります。いくつ達成出来るか競っても楽しいでしょう。

1　選挙では環境対策を講じる立候補者に投票しよう

2　新幹線で行ける場所へは飛行機に乗らない（飛行機は新幹線の12倍のCO_2を排出する）国内線の一部でSAFを使い始めたが全体量からするとまだ少ない

3　社会体制が整うまで温室効果ガスを抑えた生活を、排出CO_2の少ない趣味を探す、ガソリン車を手放すか電気自動車を買う（自家用車の利用者が一人である場合、CO_2排出量は飛行機よりも多くなる）。ネットスーパーで買い物すれば自家用車は必要ないし、

公共交通機関を使うと運動不足解消にもなる

4　エアコンは室内と室外の温度交換をする機械であるから冷房の設定温度を下げれば下げるほど外気は暑くなる（冬はその逆で室外機から冷気が出る）。冬はヒートショックにならない程度に暖房を抑え厚着で対応しよう（２０１１年の計画停電を思い出して下さい。個人の経験談で悪いが熱中症になりかけて冷凍した保冷剤をポケットに入れて働いた、あれを乗り越えたのだから冷房の設定温度を下げ過ぎる必要はないはず）

5　自然エネルギーの電力会社に切り替えよう

6　生ゴミを堆肥化しよう。コンポストを5回目に購入したおり、焼却ゴミを１００kg削減したとして記念品を贈与された。生ゴミを焼却する為に石油が使われる

7　緑を育てよう、特に針葉樹はＣＯ２を多く吸収するので無花粉杉がお勧め

8　年賀状やクリスマスカードを電子化しよう

9　環境に配慮する会社の商品や株を買いましょう（安さだけで選ぶのではなく将来に投資すると考える）

10　リサイクル出来る又は再利用されたエコな製品を買いましょう

11　消費電力の少ないＬＥＤ電球に変えよう

12　感染予防と熱中症に留意して散歩しながらゴミを拾う、プラスチックごみは劣化する時に温室効果ガスを排出する

13　通信会社店舗でスマホを習う年配者に敬意を表します。ＩＴから逃げ回り新しい事を覚えようとしない年配者は残された人生が短いからと開き直っていないでしょうか？

14　一人暮らしの人は同居出来る人を探して世帯数を減らすと良いでしょう

15　環境サークルに所属すると排出削減のヒントがラインで送付され、仲間がいると励みになります

16　服を長く着るかリサイクルしましょう

17　車内ではなく施設建物内で涼をとると駐車場でアイドリングしなくてすみます。空運転10分でＣＯ^{2}を90グラム排出

18　『人新世の「資本論」』、『脱炭素革命への挑戦』等、環境問題の本を読んでみましょう

19　地球環境研究センター副センター長、ＥＳ氏のインターネット動画を見て下さい

20　電気自動車や太陽光発電に助成金を受け取れるか自治体に確認してみて下さい

気候危機に対する提言集

〈政府〉

1　CO_2排出量を数値化：家計簿やダイエット、会社の営業成績など、どれも数値化しなければ目標達成出来ない。電気、ガスの検針票、ガソリンスタンドのレシートのみならず、食品表示や衣料品のラベルにCO_2排出量と目標達成値を記載する

2　火力発電と原子力発電を止めて自然エネルギーへ転換、原発の冷却水は海水温度を上昇させる

3　人口密集地でヒートアイランド現象が発生するので都市計画法を見直して地方に人を分散する。東京の住民税や法人税を上げて地方で下げる。人口流入を抑える為にも、都民を優遇し過ぎない。人口密集地は災害に弱い都市でもある。人口の分散は待機児童や幼児の転落事故も解消する

4　区画整理と自転車道の整備、電柱の地中化、太陽光発電信号とラウンドアバウト（信号のない交差点）を導入：ガソリン車は低速の方がCO_2を多く排出する

5　デジタル化：IT識字率を上げれば森林伐採を削減できる

6　政府のテレビCMは偏っているので環境問題について流すべきで発展途上国が気候変動の犠牲になっているニュースを報道する

7 諸外国で自然エネルギーの研修をする。火力発電の燃焼ガスに水素やアンモニアを入れてもCO_2はゼロにはならないし、ゼロにしなければ気温は上がり続ける。森林伐採しないで既存建物や農地・駐車場などに太陽光発電を設置

8 内部留保に法人税を課す、炭素税を導入する。紙の乗車券を廃止する鉄道会社を表彰して法人税を下げる。物事には連動性があるから環境省、文部科学省、厚生労働省、国土交通省、総務省、法務省など横のつながりが必要（炭素賦課金が2028年から導入される）

9 CO_2の百倍以上の温室効果を持つフロンの使用を禁止する。エアコンのフロンガスを炭化水素ガスに入れ替える個人に対して助成金を出す。すでにフロンガスを備蓄する空調機メーカーに対しては助成金を使ってフロン破壊処理をする

10 農業大国を目指して食物自給率を上げる。地震大国は観光立国に適していないし、人の往来はCO_2を増やす

11 自転車に乗りながらの「ながら飲食」を禁止する

12 レジ袋を海洋分解性プラスチックレジ袋に切り替える。1枚100円のレジ袋なら道端に捨てる人はいなくなると思う

13　空き家問題を環境対策に応用する
14　移民の受け入れ数を増やし労働力不足を補う、公共交通機関が拡充されれば自家用車は減るはず

〈自治体〉

1　老朽化等の例を除き街路樹を切らない。葉でCO_2を吸収して木陰を作る。樹木は気化熱で気温を冷却する。落葉掃除のサークルを作り落葉堆肥を作る（倒木の一因に高温による木の衰弱もある）
2　自転車道の整備と区画整理、地中化された電柱は雪や雷、台風など災害対策になる
3　生ゴミを焼却しない自治体も増加、バイオガス発電による売電収入もある
4　ゴミ焼却場で発電する自治体もある。エネルギーも地産地消すれば送電ロスや福島の惨事を回避出来ると思う
5　青森県むつ市は生ゴミを回収して堆肥化、堆肥を配布する。肥料を輸入しなくてすむ
6　CO_2排出量が少ないゴミ袋を指定する。ゴミが減ればCO_2を削減できる
7　祝典の時に風船を飛ばさない

8　学校を含む公共施設での熱効率に留意する。ＬＥＤ電球に替えてカーテンを使う、又は二重ガラスにする。エアコンのフロンガスを炭化水素ガスに入れ替えると電力を節約できる

〈企業〉

1　現状維持に固執しないでＳＤＧｓに基づいた新たなビジネスを開拓する。畑違いの商売を始めても問題ない訳であって、Ｇスーパー創業者のＮさんは地熱発電事業に取り組んでいる

2　リースビジネスの拡大：家具やカーテンなど借りるより買う方が安いので殆どの人は購入する。買ったら最後には捨てなくてはならない。転居した際、購入したメーカーでカーテンの裾直しを出来るか聞いたら答えはＮＯだった。メーカーはデザインを常に変えて新しい商品を売る。そうしないと利益は出ない、しかしゴミは増える

3　エアコンの設定温度に枠を設ける：冬は24度以上にならない、夏は24度以下にならない

4　海の植物にCO_2を吸収させるべきだが海水温が上昇して海藻が減少している

5　買い物のレシートや請求書のペーパーレス化、電子化、紙の広告を減らす

6　年末のカレンダー、夏のうちわ、ポケットティッシュ等の景品を配らない

7　スーパーは過剰包装しない（レジ袋を断るとレジ係が商品をポリ袋に入れてしまう）石油由来のプラスチックは製造時でも、使用後の焼却時でもCO_2を排出する。石油の約8%はプラスチック原料として使用され、プラスチックを循環型に変えると温室効果ガスを2～4%削減出来るという

8　プラスチック容器を止めて量り売りをする

9　個人宅に自販機を置かないで飲料メーカーは違う分野を開拓する。道端に自販機があるのは冷蔵庫が置いてあるのと同じで、全国の自販機が必要とする電力は原発一基分という計算もある

10　商品の包装を廃止してバーコードとQRコードのみが書かれた再生紙の札に変える。型番号、製造者の名称、住所、使用方法などはQRで読み取る

11　CO_2排出量を商品に記載する

12　保険会社は不作をカバーする農家対象の保険商品を販売する。環境対策で起業する人向けの保険商品も

13　自家用車の平均乗車率は1・3人だから自動車メーカーは二人乗り自動車を増産する。

必要なエネルギーが少なくてすむ

14　食品ロスはCO_2総排出量の8～10%に寄与

15　PA等に仮眠休憩所を設けたら駐車場でアイドリングする人は減ると思う

〈国際条約〉

ラムサール条約の対象地にアマゾンの森林や東南アジアの泥炭地を取り込む

〈教育〉

1　学校の授業で環境対策を教えて子供から親に働きかけてもらう、三人寄れば文殊の知恵

2　自然観察や野鳥観察を夏休みの宿題にする、野生の動植物を観察させ環境問題に関心を持つように仕向ける。

3　給食で肉を食べない日を作り理由を教える①温室効果ガス排出量のうち12%は畜産が占め、そのうち62%は牛、14%が豚、9%が鶏肉　②世界の穀物の半分が家畜の為に消費される。1988年以来、日本の国土の1・1倍に相当するアマゾン熱帯雨林が農地開墾の為に伐採され消失した

4　環境先進国を模倣する

〈資金〉

1　シンガポールの様な罰金制度を導入して徴収した資金を環境対策にあてる
2　観光税、入山税を導入する
3　軍事費を環境対策に
4　住居の断熱化に助成金を
5　各家庭と法人に太陽光発電を義務化（訪日外国人は太陽光発電の少なさに驚く）
6　環境債を設けて自然エネルギーに投資する。ゼロカーボンは新たなビジネスチャンス
7　新幹線を含む長距離移動手段の値下げと家族割引を：電車が安ければ飛行機や自動車の利用者は減るはず。国土交通省、環境省に考えていただきたい
8　環境に配慮するエコフレンドリー企業を表彰して法人税を下げる
9　第一次産業従事者に手当を：収入が良ければ農業、林業に従事する人は増える。若い樹木（特に針葉樹）はCO_2を多く吸収するが、老木になるとCO_2吸収量は低下する。農家の増加は食物自給率を上昇させる。食品を輸入すると輸送距離が長い為にCO_2排

出量は増える（フードマイレージ）

10　自動車税の値上げ：都市部において趣味で自家用車に乗る人の税金を上げる。身体障害者や幼児がいる家庭は例外とする

11　宇宙開発の費用を環境対策にあてる

12　二酸化炭素吸収装置を法人に義務づける。二酸化炭素吸収装置を購入する個人に助成金を

参考文献

吉田兼好 嵐山光三郎訳『現代語訳徒然草』岩波現代文庫 2013年
清少納言 大庭みな子訳『現代語訳枕草子』岩波現代文庫 2014年
アルフォンス・ドーデ 桜田佐訳『最後の授業』偕成社文庫 1993年
アルフォンス・ドーデ 平岡敦訳『最後の授業』理論社 2024年
福沢諭吉 河野英太郎訳『現代語訳学問のすすめ』SBクリエイティブ 2017年
『大江戸歴史パズル』小学館 2006年
小泉八雲 平川祐弘編『明治日本の面影』講談社学術文庫 1990年
ラフカディオ・ハーン 池田雅之訳『新編日本の面影Ⅱ』KADOKAWA 2015年
『学習まんが日本の歴史』集英社 2016年
高洪興 鈴木博訳『図説 纏足の歴史』原書房 2009年
本川達雄『ゾウの時間ネズミの時間 サイズの生物学』中公新書 1992年
コロナ危機で活躍、国民の憧れとなった注目の台湾「天才」IT担当大臣はどんな人か―nippon.com 2024年12月7日
杉浦日向子『お江戸風流さんぽ道』小学館文庫 2005年
司馬遼太郎『菜の花の沖』文春文庫 2000年

加谷珪一『国民の底意地の悪さが、日本経済低迷の元凶』幻冬舎新書　２０２２年
濱岡三太郎『曳舟の道　京の豪商、角倉了以・素庵物語』幻冬舎ルネッサンス　２０１３年
池上彰『世界インフレ日本はこうなる』SB新書　２０２３年
『Newsがわかる特別編 福沢諭吉がわかる（毎日ムック）』毎日新聞出版　２０２３年
新村出『広辞苑』岩波書店　１９８１年
大阪市立科学館universe202405_24.pdf　２０２４年12月14日
ジャン＝ピエール・モーリ 田中一郎監修 遠藤ゆかり訳『ガリレオはじめて「宇宙」を見た男』創元社　２００８年
麻田雅文『日ソ戦争』中公新書　２０２４年
大山眞人『団地が死んでいく』平凡社新書　２００８年
大田区立郷土博物館『トイレの考古学』東京美術　１９９７年
塩浦信太郎『くらしの中のトイレの歴史』ポトス出版　２０１９年
石川英輔『大江戸エネルギー事情』講談社　１９９３年
サミュエル・エリオット・モリソン／座本勝之訳『伝記ペリー提督の日本開国』二葉社　２０００年
丹羽基二『図説　世界の仏足石―仏足石から見た仏教―』名著出版　１９９２年
光地英学『日本の仏舎利塔』吉川弘文館　１９８６年
杉浦日向子監修・深笛義也構成『お江戸でござる』ワニブックス　２００３年

養老孟司『バカの壁』新潮社　２００４年
手塚治虫『火の鳥』講談社　２０１５年
斎藤幸平『人新世の「資本論」』集英社新書　２０２０年
鳥井裕美子『前野良沢・オランダ人のばけものと呼ばれた男』大分県先哲叢書　２０１５年
川嶌真人編『中津藩蘭学の系譜』西日本医学研究所
岡田明子 小林登志子『シュメル神話の世界』中央公論新社　２０１６年
松村武雄 中島孤島『バビロニア・アッシリア・パレスチナの神話伝説』名著普及会　１９７９年
金光仁三郎『ユーラシアの創世神話』大修館書店　２００７年
『江戸東京博物館』江戸東京歴史財団　１９９３年
堅達京子『脱炭素革命への挑戦』山と渓谷社　２０２１年
堅達京子『脱プラスチックへの挑戦』山と渓谷社　２０２０年
火星の表面温度は？大気はどうなっているの？―宇宙探検隊２０２４年12月31日
『詳説日本史図録第7版』山川出版社　２０１７年
後藤武士『読むだけですっきりわかる日本史』宝島社文庫　２００８年
有薗正一郎『近世庶民の日常食』海青社　２００７年
西股総生『1からわかる日本の城』ＪＢｐｒｅｓｓ　２０２０年
日本の歴史を分かりやすく解説!! 一時代の流れを簡潔にまとめました。１分でまとめた動画や、ちょっ

と面白い雑学などもあります!!　２０２４年12月３日
『健康文化』aoki41.pdf　２０２４年12月３日
『歴史文化探訪ラボ』いまに受け継がれる江戸幕府公認遊廓・吉原の名残―歴史文化探訪ラボ
山口豊『成長戦略としての「新しい再エネ」』山と溪谷社　２０２２年

あとがき

私が本書を書き始めたのは「若い人達の助けになれば」「広い視野を持ってほしい」という願いからです。実は若者就労支援をする団体で働きたかったのですが、年齢制限で応募出来ませんでした。そこで、若人に向けて「問題意識を持ってほしい」という想いで、伝えたい事を文章にまとめてみようと思いました。

２０２０年から書き進めましたが、そうこうしているうちにウクライナ戦争が始まり、社会情勢を見て感じた意見を書き加えました。古今東西の出来事から学ぶ事を凝縮してみたところ、卓袱《しっぽく》料理の様な作品に仕上がりました。なお、卓袱とは長崎の郷土料理であり、和洋中を盛り込んだ異文化料理です。

このエッセイのいきさつは、吉田兼好が「徒然草」を邦良《くによし》親王の為に書き始め、結果的には「この世の心あるすべての人にささげようと」書いたのに類似しています。

能楽の合間に狂言があるように、頭を休めるエッセイも少し入れました。

著者は学士号しか持たない只《ただ》のオバサンであり、ジェンダー論や社会情勢・思想・地球環境といった分野の専門家ではありません。専門家から見たら稚拙であると本書を嘲笑するかもしれません。しかしそんなオバサンだから出来る事があると考えます。

①短い文章を心がけた
②注釈をつけた（字数制限の為に注釈を省いた箇所があり残念です）
③言葉を説明した
④イラストを多めに入れた
⑤ルビをつけた

これは活字離れした人、読書が苦手な人、普段テレビを見ない人にも気軽に読んでいただきたいからです。読者が建設的な潮流に乗ってくれる事は本書の目的であり、そうなる事で微力ながら社会に貢献出来れば幸いです。

「世界には鴉《からす》しか鳥はいない」と思っていた鴉《からす》は異なる種類の鳥に出会い、自分が少数派である事に気付くでしょう。異質な物を見なければ自分に気付かないからです。異なる人に出会うと当たり前が当たり前でなくなります。

人間の性《さが》と言えるかもしれませんが、人は自分を基準にして判断する、つまり価値観や性質の異なる人を批判したくなる傾向があります。本書の読者が著者である私を批判するとしたら、人間の性質上、当然の結果であると同時に、著者の技量の問題とも言えるでしょう。誹謗中傷の様に人を傷つける意図はなく、間違いを除き私は嘘を書いていない事をお伝えします。

吉田兼好は家庭教師をしていた邦良《くによし》親王が亡くなった時に随筆を書くのを止めようと思ったそうです。それでも書き続けたのは、邦良《くによし》親王を失った喪失感以上に吉田兼好を突き動かす何かがあったのでしょう。私だっていつ死ぬか分からない、見切りをつけて書かなくてはいけない、批判される事を承知で出版した私にもやはり原動力となるものがありました。メッセージを届ける手段は多々あり、絵画や演劇で表現する人がいれば、コンサートで歌う人、和歌をつくる人、動画で発信する人もいます。私は古風ながらも文章を書くという手段でしかメッセージを発信出来ませんでした。

大勢の方々のおかげで本書を制作出来たのでこの場を借りてお礼を言わせて下さい。高校で日本史を選択しなかった筆者にとって高田先生の講義は意義深い物となりました。表紙の金継ぎを作成するにあたり、日本橋夢東本店の方々から丁寧な指導をいただきました。壊れてこそ美しくなる金継ぎの様にこの社会も良くなる願いを込めてカバー写真に金継ぎを選びました。

幻冬舎メディアコンサルティングの皆さん、校正者の方々
全国通訳案内士受験予備校講師の高田直志先生
環境対策の啓発活動をしている市民環境の会の皆さん
俳句を教えて下さる句会の皆様
ボランティアでは勿体ないほど優秀な全国各地の城郭ガイドのみなさん
全国通訳案内士の皆さん
参考文献を執筆した方々、新聞社や出版社で働く方々
テレビ番組制作者の方々
博物館で勤務する方々
旅行を支えてくれた交通機関と宿泊施設の職員の皆様
ここに書き切れないほど大勢の方々

米沢藩主上杉鷹山　読み下し

為せば成る
為さねば成らぬ
何事も
成らぬは人の為さぬなりけり

本作品には実際の施設名、団体名、企業名等が出てきますが
あくまでも著者自身の体験に基づくものであり本作品との直接の関係はありません。

著者紹介

鈴香里紗（すずか りさ）
1970年東京都台東区生まれ。埼玉県立春日部女子高校卒。カナダにて学士号を取得。
銀行事務、貿易事務など、「大人の修学旅行」をしながら俳句を作る。全国通訳案内士、合気道連盟、市民環境の会、社団法人市民ソーラー、俳句会、市民大学農場に所属。俳句作品に「城カルタ」。

持続《じぞく》する社会《しゃかい》

2025年3月24日　第1刷発行

著　者　　鈴香里紗
発行人　　久保田貴幸

発行元　　株式会社 幻冬舎メディアコンサルティング
〒151-0051　東京都渋谷区千駄ヶ谷4-9-7
電話　03-5411-6440（編集）

発売元　　株式会社 幻冬舎
〒151-0051　東京都渋谷区千駄ヶ谷4-9-7
電話　03-5411-6222（営業）

印刷・製本　中央精版印刷株式会社
装　丁　　弓田和則

検印廃止

ISBN 978-4-344-69224-4 C0095
幻冬舎メディアコンサルティングＨＰ
https://www.gentosha-mc.com/